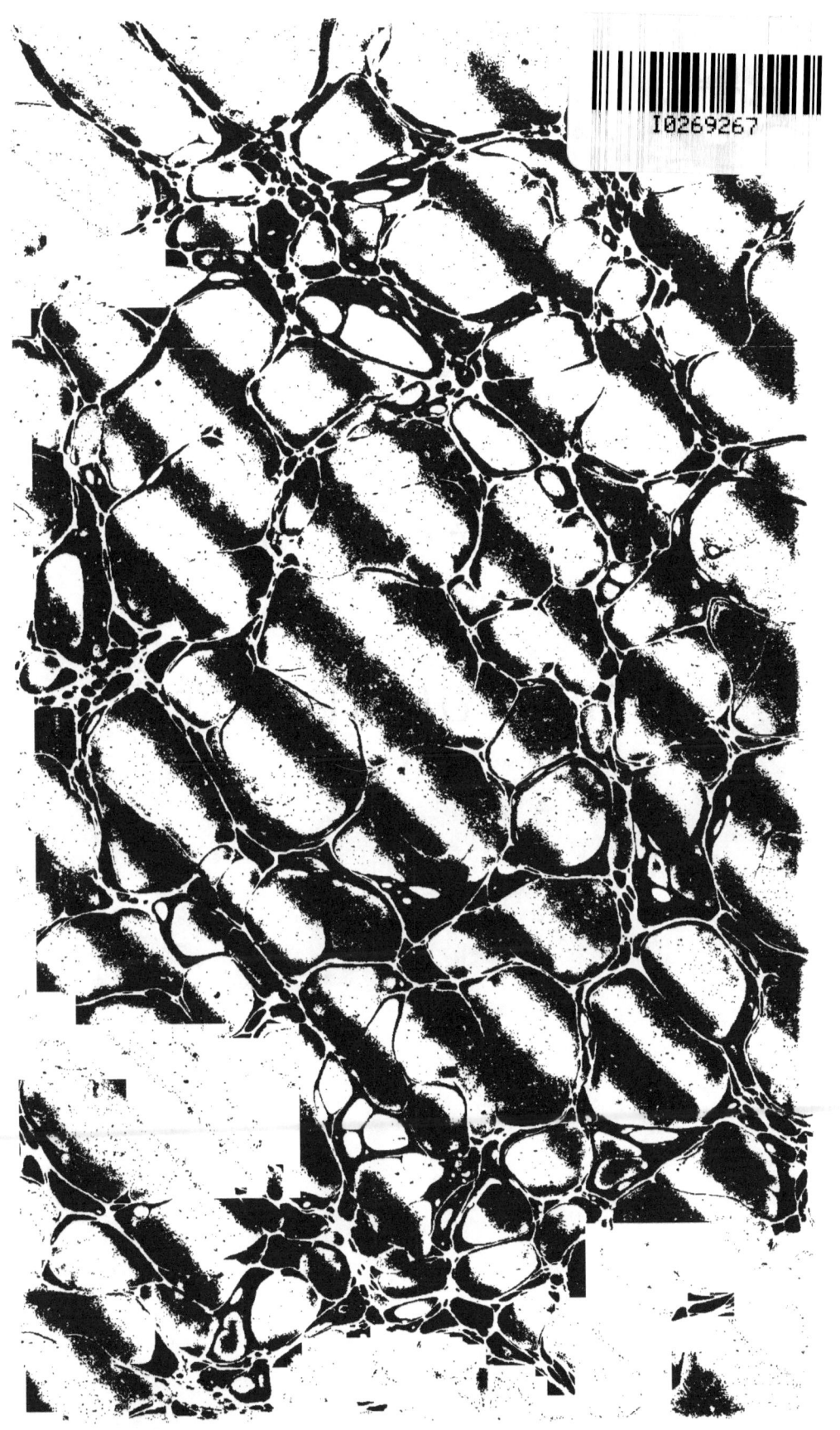

THÉATRE
DE
ALFRED DE MUSSET

TIRAGE A PETIT NOMBRE

Plus 25 exemplaires sur papier de Chine et 25 sur papier Whatman, avec double épreuve des gravures.

Il a été fait un tirage en GRAND PAPIER ainsi composé :

100 exemplaires sur vélin de Hollande à la forme.
 20 — sur papier de Chine fort.
 20 — sur papier Whatman.
 10 — sur papier du Japon.
―――
150 exemplaires.

Dans ce tirage les gravures se trouvent en *double épreuve* pour les exemplaires sur papier de Chine et sur papier Whatman, et en *triple épreuve* pour les exemplaires sur papier du Japon.

ALFRED DE MUSSET

THÉATRE

DE

ALFRED DE MUSSET

AVEC UNE INTRODUCTION

PAR

JULES LEMAITRE

DESSINS DE CHARLES DELORT

GRAVÉS PAR BOILVIN

TOME PREMIER

PARIS

LIBRAIRIE DES BIBLIOPHILES

Rue de Lille, 7

M DCCC LXXXIX

NOTE DE L'ÉDITEUR

Après des fortunes diverses, notre édition du Théâtre d'Alfred de Musset, depuis si longtemps promise, et si souvent réclamée par les amateurs, arrive enfin à se produire au jour. Il ne nous appartient pas, surtout devant l'écrivain qui a signé la préface que l'on va lire, de porter une appréciation quelconque sur cette partie des œuvres de Musset; mais nous pouvons dire qu'elle nous a toujours paru la plus originale et la plus vivante, que nous nous sommes senti de plus en plus attiré par ces comédies qui, n'ayant pas été écrites pour la scène, sont encore plus scéniques, plus attachantes et plus émouvantes que tout ce que peut nous offrir le théâtre contemporain, et que c'est cette raison qui nous les a fait choisir pour représenter Musset dans notre *Bibliothèque Artistique moderne*.

Désirant que notre édition du Théâtre de Musset fût comme un monument élevé à sa mémoire, nous avons voulu la mettre sous le patronage d'un de ses plus fervents adorateurs, et l'on nous accordera facilement qu'il n'était pas possible de trouver, pour parler aux lettrés de l'auteur des *Comédies et Proverbes*, une voix plus autorisée et plus compétente que celle de M. Jules Lemaître, qui tient aujourd'hui une si haute place dans la critique dramatique, et à qui appartient l'idée de célébrer à la Comédie-Française, par une représentation extraordinaire, l'anniversaire d'Alfred de Musset.

Nous devions aussi, pour les compositions gravées qui ornent notre édition, chercher un artiste dont le talent répondît au but que nous nous proposions. Nous ne croyons pas avoir fait fausse route en nous adressant à M. Charles Delort, dont le talent si souple et si ingénieux nous a paru se prêter merveilleusement à la fantaisie d'Alfred de Musset. C'est aussi à un maître de la gravure, à M. Boilvin, que nous avons confié l'interprétation des dessins de M. Delort.

Notre édition formera quatre volumes, ainsi composés :

TOME I : *La Nuit vénitienne*, — *André del Sarto*, — *Les Caprices de Marianne*, — *Fantasio*.

TOME II : *On ne badine pas avec l'amour*, — *Lorenzaccio*.

TOME III : *Barberine*, — *Le Chandelier*, — *Il ne faut jurer de rien*, — *Un Caprice*.

TOME IV : *Il faut qu'une porte soit ouverte ou fermée*, — *Louison*, — *On ne saurait penser à tout*, — *Carmosine*, — *Bettine*.

Nous avons suivi le texte de l'édition publiée par Charpentier avec les dessins de Bida. Pour *Lorenzaccio*, nous donnons les variantes relevées par M. Monval sur un manuscrit qui se trouve à la Comédie-Française.

A quelque chose retard est bon : les atermoiements par lesquels a passé notre publication l'amènent à paraître au moment où l'on s'apprête à élever une statue à Musset sur l'une de nos places publiques. Espérons qu'édition et statue seront également bien accueillies par les nombreux admirateurs de ce grand écrivain.

D. J.

LE
THÉATRE D'ALFRED DE MUSSET

IL n'avait guère que vingt ans. Je ne sais si jamais adolescent était entré dans la vie de façon plus triomphante, avec plus de flamme aux yeux et de plus fiers espoirs au cœur. « Enfant sublime » (car c'est lui qui méritait ce nom), il avait, au sortir du collège, écrit des vers insolents et pleins de génie; il était l'auteur des Contes d'Espagne et d'Italie, de Namouna et du Spectacle dans un fauteuil. Certes, il n'était pas né vaudevilliste; il ignorait la scène à faire, les conventions nécessaires, l'optique du théâtre, le style du théâtre; mais il avait une ardeur de vivre, l'amour de l'amour, une imagination charmante, une puissance d'illusion toujours renaissante (avec, au fond, une lassitude qui devait toujours grandir), une vision de la vie tour à tour délicieuse et profondément mélancolique, et le don d'exprimer tout cela. Et alors, pour son plaisir, selon sa guise et sans nul souci des planches, ne voulant rien que s'enchanter lui-même et soulager son cœur, librement et en dehors de toutes règles, il se mit à écrire des comédies.

Or, quand on eut l'idée de les jouer, il se trouva que, même sur les planches, même interprétées par de pauvres hommes et de pauvres femmes aux corps imparfaits et aux intonations de Conservatoire, elles étaient exquises. Mais, surtout, les lire est un charme. Elles sont un des plus purs joyaux, et des plus doucement brillants, de notre littérature dramatique. C'est quelque chose qui est à part, qui forme un tout de proportions modestes et parfaitement harmonieux, comme l'œuvre de Racine ou de Marivaux. Mais, en outre, ces comédies sont, dans tout notre théâtre, celles où la forme dramatique s'est montrée le plus souple, a su admettre la plus grande somme de poésie, poésie d'images et fantaisie lyrique.

Comment sont-elles nées? Il est sûr que tout s'enchaîne dans l'histoire littéraire, que les œuvres les plus originales ont été préparées par des œuvres antérieures, et qu'il est possible de déterminer les conditions où elles ont été produites. Bref, il est sûr qu'on peut toujours expliquer leur éclosion; mais il est également sûr que ces explications n'expliquent rien. Ainsi les comédies de Musset se rattachent, si vous voulez, à celles de Shakespeare par la liberté de composition, par la luxuriance de l'écriture, par une sorte de fougue et d'énergie gracieuse, et, peut-être, par la couleur générale. Et elles ressemblent aussi, quelquefois, à celles de Marivaux (où l'analyse est cependant beaucoup plus menue) par la finesse, par une certaine élégance maniérée, et, comment dire? par le chimérique de la condition extérieure des personnages. Mais dire cela, ce n'est point expliquer que Musset ait écrit ces comédies, ce n'est pas rendre compte de cet extraordinaire phénomène. Par exemple, si le théâtre de Regnard n'existait point, nous serions capables de l'imaginer : car il est dans Molière; si le théâtre de Scribe n'existait point, nous pourrions néanmoins le supposer, le concevoir : car il est déjà, sauf les développements et les variations infinies, ailleurs que chez Scribe. Mais ni le théâtre de Shakespeare ni celui de Marivaux ne sauraient nous donner l'idée, s'il n'existait pas, du théâtre de Musset : car il y a vraiment là quelque chose de plus, quelque chose d'absolument original et irréductible, un composé intellectuel, une certaine qualité de vision, de sentiment et d'expression, qui n'est qu'à lui, et qui est lui tout entier. Cette qualité d'esprit, très peu d'écrivains, même parmi les plus grands, l'ont eue aussi personnelle et aussi rare. Je dois dire, d'ailleurs, qu'elle est plus pure, plus dégagée, infiniment moins gâtée par les négligences, la désinvolture ou l'affectation romantique, dans le théâtre de Musset que dans tout le reste de son œuvre. Quand je prends un volume du cher poète auquel je suis resté fidèle malgré l'âge et mes change-

ments de goût, c'est aux Caprices de Marianne *ou au* Chandelier *que je vais d'emblée, bien plutôt qu'aux* Nouvelles Poésies *ou aux* Contes et Nouvelles.

❦

Les personnages de ces petits drames tristes et fleuris sont plus beaux et plus élégants que nous. Ils sont vêtus de soie, et ils s'expriment souvent comme des poètes lyriques de beaucoup d'esprit. Et celles qu'ils aiment portent des robes de brocart et des colliers de perles dans les torsades de leurs cheveux, ou bien de fins corsages surgissant des larges paniers, de hautes coiffures poudrées et des mouches. Ce sont les personnages et les dames de quelque Venise idéale ou de quelque invraisemblable Trianon. Et l'on se dit d'abord : « Ils sont jolis, jolis; mais ce ne sont, sans doute, que des ombres gracieuses qui ne sauraient penser, sentir et souffrir de la même manière que nous. » Or, ces fantômes légers qui habitent ce pays bleu et qui semblent si loin de nous, à peine ont-ils ouvert la bouche que nous connaissons clairement que c'est nous-mêmes. Oh! que ce sont bien des hommes et que ce sont bien des femmes! Ils sont agités de passions véhémentes et douloureuses; ils ont des cris qui nous vont à l'âme. Ces ombres délicates, ces pupazzi du rêve, portent des cœurs saignants pareils aux nôtres. J'avais raison, tout à l'heure, de ne vouloir rattacher ce théâtre à rien, non pas même au ro-

mantisme, dont il fut contemporain. Car, dans le drame romantique, on pourrait presque dire que ce sont les détails de la vie extérieure qui sont vrais (ou qui ont la prétention de l'être), et que ce sont les personnages qui ne vivent point. Ici, au contraire, la vérité est dans les sentiments et dans les caractères, et la fantaisie dans le décor et dans toute la partie matérielle du drame. Vérité intérieure et caprice extérieur, cela veut dire poésie, et cela est tout le théâtre de Musset.

⚜

Cette vérité naïve et profonde, je l'ai, une fois, nettement sentie, ayant vu jouer, immédiatement après LE MARQUIS DE VILLEMER, ON NE BADINE PAS AVEC L'AMOUR.

C'est une comédie délicieusement romanesque, disais-je, que LE MARQUIS DE VILLEMER. Une demi-douzaine de très belles et très rares exceptions morales s'y trouvent réunies pour notre plaisir. C'est comme la vision rapide d'une humanité meilleure et d'une destinée plus conforme à la justice. Nous songeons : « Mon Dieu, que les hommes sont bons ! Et les femmes, donc ! Et comme on sent bien qu'il existe une Providence ! »

Je passais alors en revue les acteurs du drame, je montrais leur consolante invraisemblance morale, et j'ajoutais :

Prenez maintenant ON NE BADINE PAS AVEC

L'AMOUR, *vous trouverez là la poésie la plus gracieuse, la plus hardie, et pas l'ombre de romanesque. Il y a dix fois plus de vérité dans le drame poétique d'Alfred de Musset que dans la comédie bourgeoise de George Sand.*

Et cependant les personnages du MARQUIS DE VILLEMER *ressemblent, par le costume et par le langage, à des personnages réels; ce sont, en apparence, des gens d'aujourd'hui, et tous les détails de l'action où ils sont mêlés sont vrais ou vraisemblables. Au contraire, voyez les personnages et la fable de la comédie de Musset : nous sommes dans un vague et chimérique XVIIIe siècle. De quel couvent sort Camille? de quelle université arrive Perdican? de quelle province le baron est-il gouverneur? Les paysans y parlent comme des poètes subtils, et les ivrognes y récitent de brillants couplets alternés comme dans une églogue savante. Tout ce qui est vie extérieure est embelli ou simplifié. Le jeune seigneur Perdican se décide, en un instant, à épouser une bergère : ce sont les mœurs de ce pays de rêve. Et la bergère meurt d'amour, tout à coup, en poussant un cri. Dame Pluche, Bridaine et Blazius ne sont que des fantoches aux gestes excessifs, et dont le poète tire ouvertement les ficelles afin de se divertir. Pour le décor, les habits et la conduite de l'action, la fantaisie du poète s'est donné libre carrière. Il n'a voulu que se délecter d'une vision choisie.*

Mais, — *tout au rebours de ce que nous avons*

vu dans l'œuvre romanesque de George Sand, — le mensonge (combien charmant!) est ici dans la forme, et la vérité (combien poignante!) est au fond.

Ces personnages, d'aspect chimérique, sont plus près de nous que ceux du Marquis de Villemer. Ils ne sont ni meilleurs ni plus heureux que nous. Le drame qui se joue entre eux, ce n'est point une comédie d'un jour, une aventure ingénieusement combinée, c'est un drame éternel, où l'on sent un mystère, une fatalité et l'action des lois mêmes de la vie. Perdican est vrai, car Perdican c'est vous, c'est moi; c'est un homme qui fait le mal sans être méchant, qui souffre, qui aime, qui ne comprend rien au monde, qui doute de la bonté de la vie, et qui persiste à vivre pour aimer. — Camille aussi est profondément vraie. Pourquoi a-t-on dit que son caractère était obscur et déconcertant? Point : elle a connu trop tôt, ou a cru connaître, la vanité des choses. Elle a, avec une dévotion de fille ardente, — dévotion qui ne durera point, — un scepticisme et un désenchantement acquis, très déclamatoires, très farouches, et qui ne sauraient durer non plus. Et, en effet, dès qu'elle sort de l'ombre du cloître pour entrer dans le monde réel, elle redevient une femme, et tout ce qu'elle a appris est oublié. Elle qui ne croyait pas à l'amour, dès qu'elle se voit dédaignée elle aime, elle souffre, et la jalousie lui vient, et le dépit, et la coquetterie, et l'égoïsme féroce de la passion. Et nous nous reconnaissons en elle. L'expérience qu'elle a puisée dans la conversation des pâles religieuses est pour Camille ce qu'est pour nous l'orgueilleuse et inutile expérience des livres. Nous savons que tout est vain; comme elle, nous nions l'amour; nous nous croyons très forts et bien gardés par notre cuirasse de philosophie livresque et de littérature; et, à la première épreuve, nous faisons comme elle, nous oublions tout, nous ne sommes plus que de misérables hommes, et nous tombons dans l'éternel piège que la nature tend aux êtres vivants. Et quant à la petite Rosette, la bergère en fleur, c'est la douceur et l'innocence avec très peu de conscience et de réflexion, — et cela aussi est vrai.

Je ne trouve pas moins de vérité, en y songeant, dans les pupazzi grotesques qui gesticulent à travers le drame d'amour. Camille et Perdican représentent, si vous voulez, l'humanité supérieure, les âmes qui vivent d'une vie propre et qui ont l'air d'inventer, même quand elles les reçoivent et les subissent, leurs idées et leurs sentiments. Mais tout autour de ces âmes s'agite l'innombrable troupeau des inconscients, de ceux qui sont des individus sans être des personnes, qui semblent uniquement gouvernés par des instincts, des habitudes et des préjugés, et qui sont tout entiers, si je puis dire, dans les gestes qu'on leur voit faire. — Le baron est un admirable polichinelle. Tout son être intellectuel et moral est dans deux habitudes, deux tics : le goût de la précision inutile et le respect du « convenable ». Il sait que son fils « a eu hier matin, à midi huit minutes, vingt ans accomplis » ; il sait qu'il est impossible que dame Pluche ait fait des sauts dans la luzerne ; il sait que, si son fils épouse une paysanne, il doit « s'abandonner à sa douleur ». Rien de plus. Bridaine et Blazius ne sont que deux outres rivales. Dame Pluche est une haridelle qui ne fait que des gestes de dévotion et de pudeur mécaniques.

Dans presque toutes ses comédies Musset a jeté des fantoches de ce genre [1]. Tous ensemble représentent ceux dont on ne sait pas pourquoi ils vivent, l'humanité superflue, c'est-à-dire les neuf cent quatre-vingt-dix-neuf millièmes de l'humanité. Le poète n'a fait qu'exagérer le caractère automatique de leur démarche et de leurs mouvements. Mais ils sont vrais, à le bien prendre.

Et ce qui ressort du drame, ce sont deux ou trois vérités, non pas neuves peut-être, mais qui ont été rarement exprimées avec une si pénétrante émotion.

Adieu, Camille, retourne à ton couvent ; et, lorsqu'on te fera de ces récits hideux qui t'ont empoisonnée, réponds ce que je vais te dire : « Tous les hommes sont menteurs, inconstants, faux, bavards, hypocrites, orgueilleux ou lâches, méprisables et sensuels ; toutes les femmes sont perfides, artificieuses, vaniteuses, curieuses et dépravées... ; mais il y a au monde une chose sainte et sublime, c'est l'union de deux de ces êtres si impar-

---

[1]. Cf. Claudio (*Caprices de Marianne*), le prince de Mantoue (*Fantasio*), Rosemberg (*Barberine*), etc.

faits et si affreux. On est souvent trompé en amour, souvent blessé et souvent malheureux; mais on aime, et, quand on est sur le bord de sa tombe, on se retourne pour regarder en arrière et on se dit : « J'ai souffert sou-
« vent, je me suis trompé quelquefois, mais j'ai aimé. C'est
« moi qui ai vécu, et non pas un être factice créé par mon
« orgueil et mon ennui. »

Quel songe avons-nous fait, Camille? (dit encore Perdican). Quelles vaines paroles, quelles misérables folies ont passé comme un vent funeste entre nous deux? Lequel de nous deux a voulu tromper l'autre? Hélas! cette vie est elle-même un si pénible rêve! Pourquoi encore y mêler les nôtres? Mais il a bien fallu que nous fissions du mal, car nous sommes des hommes.

Tant s'en faut, enfin, que la comédie de Musset soit romanesque, qu'elle est, en somme, triste à pleurer. Car la poésie ne voit pas nécessairement les hommes meilleurs ni la destinée plus équitable. Elle n'ignore pas le mal ni la souffrance, et même il lui arrive de s'y complaire, parce que les émotions tristes sont les plus fortes. Le romanesque est une déformation optimiste des choses. La poésie, plus large, a pour matière tout le monde réel, y compris ses laideurs et ses discordances; elle fait résider la beauté moins dans les objets (spectacles de l'univers physique, êtres vivants, sentiments et passions) que dans une vision particulière de ces objets et dans leur expression. Le romanesque est surtout un rêve moral, et il se passe de l'expression plastique. La plupart des très grands poètes ne sont point romanesques. Corneille l'est sans doute; mais Homère, Virgile ni Racine ne le sont. Le romanesque est la poésie des adolescents et des femmes. Je n'en dis point de mal.

※

Antiromanesque et poétique, le théâtre de Musset est le théâtre de l'amour, autant, pour le moins, que celui de Racine ou de Marivaux. Mais quel amour? Le grand, le vrai, le tragique. Car cet attrait qui rapproche l'homme de la femme et qui lie les âmes et les corps peut être, comme vous savez, de deux sortes ou de deux degrés (je néglige les nuances). Souvent il admet chez les amoureux un désir de plaire plus violent encore que celui de posséder, une extrême complaisance pour soi, beaucoup de vanité, de coquetterie, d'affectation : et alors l'amour, tout en s'adressant à une créature en particulier, reste capable de concevoir qu'une autre puisse à la rigueur être substituée à celle-là, et de prendre son parti de cette substitution. Cela, c'est la galanterie, l'amour-goût, et, en somme, la forme la plus fréquente de la passion. Mais il y a un amour fatal, semblable à une maladie mortelle, qui, par un besoin mystérieux et avec une force insurmontable, s'attache uniquement à une créature, ne peut absolument pas se passer d'elle, veut lui appartenir et qu'elle lui appartienne, ne veut pas plaire pour plaire, mais seulement pour posséder, et qui n'a *point de coquetterie et qui n'a point de vanité, car on n'en met point à poursuivre la satisfaction d'un besoin invincible.*

Or, c'est surtout cet amour-là que Musset a connu et décrit; et je ne pense pas que ni Euripide, ni Dante, ni Shakespeare, ni Racine, en offrent de plus véridiques et vivantes peintures.

Vous ne trouverez rien, chez lui, qui ressemble à l'Ingénue de Scribe et de tout notre théâtre courant. La pure et naïve Carmosine n'en est pas une, puisqu'elle meurt de son amour. Je vous ai déjà parlé de Camille. Et si Cécile de Mantes (dans Il ne faut jurer de rien*) est une ingénue, c'est du moins à la façon d'Agnès. Oui, elle a quelque chose de la terrible innocence de la pupille d'Arnolphe. Elle a les tranquilles et déconcertantes audaces qui viennent aux jeunes filles quand les jeunes filles se mettent à être naturelles... Elle pense, comme Agnès :*

Le moyen de chasser ce qui fait du plaisir?

Et c'est sans doute par son innocence et son ingénuité qu'elle prend Valentin; mais c'est plus encore, croyez-le bien, par sa hardiesse sereine, par ce qu'il sent en elle de spontané, de primitif et d'intact, par la folle et paisible imprudence de son amour.

Il y a dans cette pièce une secrète ironie, et qu'on découvre mieux à mesure qu'on la revoit. Vous vous rappelez le point de départ, et ce que Valentin dit à son oncle dans la première scène : « Si vous voulez que j'épouse Mlle de Mantes, il n'y a pour cela qu'un moyen : c'est de me donner la certitude qu'elle ne me mettra jamais aux mains la paire de gants dont nous parlions. » Et plus loin : « Convenez-vous que, si j'avais l'assurance qu'on peut la séduire en huit jours, j'aurais grand tort de l'épouser? »

Or, rappelez-vous maintenant ce qui arrive. Mlle Cécile trouve moyen de rencontrer trois ou quatre fois de suite Valentin, — pour rien, pour le plaisir de lui parler. Elle passe et repasse dans le jardin en faisant semblant de lire, — pour le voir et pour être vue de lui, car elle sait qu'il est aux aguets. Lorsqu'il est remonté dans sa chambre, elle se met en embuscade pour voir, par sa fenêtre, ce qu'il y fait. (Et tout cela, elle le lui raconte elle-même au troisième acte.) Cette jeune personne si bien élevée reçoit la lettre que Valentin lui fait remettre par sa femme de chambre, et elle la cache à sa mère. Vous me direz que c'est à cause d'une phrase imprudente sur la bonne dame... mais enfin elle la lui cache, voilà le fait. Enfermée à clef par la baronne, elle joue la comédie pour que l'abbé lui ouvre la porte, et elle se sauve... Quelques heures après, Valentin lui fait tenir une nouvelle lettre, où il lui donne rendez-vous la nuit, dans un bois. Elle répond ce seul mot : « Oui », et elle vient. Tout de suite, Valentin la tutoie, et elle se laisse tutoyer. Il lui passe le bras autour de la taille, et elle le laisse faire. Il la prie d'ôter son châle (elle est en toilette *de bal, et décolletée), elle ôte son châle. Il est vrai qu'elle lui dit à un moment : « Pourquoi ne serais-je pas venue, puisque je sais que vous m'épouserez ? » Mais elle ne peut pourtant pas lui dire : « Voulez-vous, Monsieur, que je sois votre maîtresse ? » Et il est clair comme le jour que, dans l'état où elle est, si Valentin « insistait », comme dit l'autre... il n'aurait pas besoin de l'épouser...*

Je vous remets ici sous les yeux la phrase de Valentin : « Convenez-vous que, si j'avais l'assurance qu'on peut la séduire en huit jours, j'aurais grand tort de l'épouser ? »

Eh bien ! il l'a séduite en cinq ou six heures. En moins d'une demi-journée, elle s'est compromise autant qu'elle le pouvait, et elle a entassé plus d'imprudences que n'aurait pu faire la plus coquette et la plus allumée des jeunes filles. Et il l'épouse !

Il l'épouse, d'abord, parce que c'est lui qui l'a séduite, et que cela trouble un peu sa logique.

Il l'épouse aussi parce qu'il l'aime.

Et il l'épouse surtout parce que, avec tout cela, il se sent absolument aimé.

Mais enfin il est certain qu'il fait justement le contraire de ce qu'il s'était juré, et qu'il épouse Cécile quoiqu'il soit possible de la séduire en huit jours, — et même en beaucoup moins !

« Cela a été possible une fois, direz-vous, parce qu'elle aimait. » Mais, précisément, rien ne nous garantit que, dans quelques années, elle n'aimera

pas un autre homme. Et alors, avec cette franchise, ce naturel parfait, cette adorable spontanéité que nous lui connaissons... vous prévoyez où cela peut aller...

Valentin ne pressent plus cette conséquence, puisqu'il aime. Mais soyez sûr que le poète la pressent pour lui, et que cela ne l'effraye point, qu'il trouve quand même que Valentin a raison, et que, s'il le raille un peu, il l'envie en même temps. Les idées de Musset sur l'amour sont des plus simples. Elles rejoignent, à travers les siècles, celles des poètes primitifs. L'amour est pour lui, comme pour Hésiode, le premier-né des dieux. Il est la Force qui meut l'univers. Dans une page qu'on retranche à la représentation, Valentin demande à Cécile :

Pourquoi ce ciel immense n'est-il pas immobile? Dis-moi, s'il y a jamais eu un moment où tout fut créé, en vertu de quelle force ont-ils commencé à se mouvoir, ces mondes qui ne s'arrêteront jamais?

CÉCILE. — Par l'éternelle pensée.

VALENTIN. — Par l'éternel amour... Ils vivent parce qu'ils se cherchent, et les soleils tomberaient en poussière si l'un d'entre eux cessait d'aimer.

CÉCILE. — Ah! toute la vie est là !

VALENTIN. — Oui, toute la vie...

Nul n'a plus aimé l'amour ni moins raffiné sur l'amour qu'Alfred de Musset. C'est pour lui la meilleure chose, la plus divine et la plus mystérieuse, et, par suite, la plus involontaire. De cela, il prend tout à fait son parti. Il écrit avec candeur, dans la Confession d'un enfant du siècle :

Je ne concevais pas qu'on pût mentir en amour ; j'étais un enfant alors, et j'avoue qu'à présent je ne le comprends pas encore. Toutes les fois que je suis devenu amoureux d'une femme, je le lui ai dit, et, toutes les fois que j'ai cessé d'aimer une femme, je le lui ai dit de même, avec la même sincérité, ayant toujours pensé que sur ces sortes de choses nous ne pouvons rien par notre volonté, et qu'il n'y a de crime qu'au mensonge.

Pour en revenir à Cécile, nous aimons cependant mieux croire que, mariée, elle continuera d'aimer comme elle aime, et alors ce sera Barberine. Nulle part ailleurs, sinon peut-être dans le César *de Shakespeare, l'amour conjugal n'a été peint avec cette douceur puissante. Point tragique ni emphatique, Barberine : elle enferme ce sot de Rosemberg qui lui a fait une cour de lourdaud, et, par jeu, elle l'oblige à filer. Elle fait cela avec une gaieté paisible ; mais son enjouement lui vient de son absolue sécurité morale et de la profondeur de son amour. Non seulement elle n'est pas tentée, mais il n'entre pas dans son esprit qu'elle puisse l'être jamais. Et c'est pourquoi elle agit avec cette franchise, cette simplicité, cette certitude, cette indulgence, cette sorte de sérénité divine. C'est une âme qui s'est donnée une fois et qui se repose pour toujours dans ce don qu'elle a fait d'elle-même.*

L'amour est roi du monde. Rien n'est plus grand ni plus vénérable que l'amour. Il est si beau et il est si bon que, pourvu qu'il soit sincère, il crée son propre droit. La petite Carmosine, fille d'un marchand de Palerme, aime le roi, tout simplement. Or, comme elle aime à en mourir, il n'est au pouvoir de personne de l'humilier à cause de cet amour. Le bon roi de Sicile ne le lui reproche point, car il n'est pas une âme, même de roi, qui puisse être offensée d'avoir inspiré un pareil sentiment : et même Carmosine reste, en un sens, la fiancée innocente du roi, parce qu'elle a voulu l'être, et que le roi, en consentant à son amour, lui a rendu lui-même un instant, dans le secret de son cœur, un peu d'amour. — L'amour est un si grand bien que mieux vaut une guerre et tout ce qui s'ensuit (surtout si ce fâcheux événement demeure hypothétique) qu'un cœur de jeune fille et de princesse violenté et contraint à mentir. C'est du moins la pensée de Fantasio. — Et l'amour est chose si sacrée que, rien que parce qu'ils en ont conversé ensemble et qu'il l'a empêchée d'offenser l'amour, il s'établit entre la petite princesse et l'étudiant bohème, en dépit de l'inégalité des conditions, un lien mystérieux et doux, non pas amour, mais autre chose qu'amitié.

Prends (dit-elle) la clef de mon jardin : le jour où tu t'ennuieras d'être poursuivi par tes créanciers, viens te cacher dans les bluets où je t'ai trouvé ce matin... tu redeviendras mon bouffon pour le temps qu'il te plaira de l'être, et puis tu iras à tes affaires...

※

Mais, comme rien n'est meilleur, ainsi rien n'est plus cruel que l'amour. Ses méprises sont douloureuses et quelquefois mortelles. Ce monde est si mal fait qu'il arrive qu'on aime sans être aimé, et rien n'est aussi triste. Cela est encore plus triste, quoi qu'en disent les mauvais plaisants, que d'être aimé sans aimer.

> Nous aimons, et de là les douleurs infinies :
> Car Dieu, qui fit la grâce avec des harmonies,
> Fit l'amour d'un soupir qui n'est pas mutuel [1].

Et ceux qui n'aiment pas sont si méchants, si injustes, font tant de mal sans le savoir! Ainsi Perdican tue la pauvre Rosette qui se croyait aimée. — Ainsi Marianne, étourdiment, cause la mort de Cœlio. Ah! qu'elle est femme celle-là, avec ses déconcertantes froideurs, son humeur contredisante, ses résolutions soudaines et imprévues, ses caprices indéchiffrables! Comme elle est bien de celles qui sont nées pour faire souffrir, qu'on adore et qu'on a envie de battre, et dont on voudrait fendre le petit front uni et pur et la poitrine charmante pour voir l'énigme qu'elles y cachent! Femme de chair et délicieuse créature de

---

1. Sully Prudhomme, *les Épreuves.*

joie avec des airs pudiques, qui n'aime pas Cœlio parce que Cœlio est triste, et qui n'a d'autre raison d'aimer Octave sinon qu'Octave est un débauché! — Il semble d'abord que Jacqueline soit de la même race; qu'elle soit une Marianne de trente-cinq ans, moins inquiète, et qui ne cherche plus, car elle a trouvé. Elle a trouvé un officier de dragons, lequel offre cet avantage, de changer de temps à autre (avec la garnison) en restant au fond toujours le même officier de dragons. Le plaisir est féroce : Jacqueline est d'abord prête à sacrifier au sien l'âme et la vie d'un enfant de seize ans. Mais, tout à coup, voilà qu'une flamme inattendue jaillit d'elle au contact de cet amour plus fort que la mort. C'est comme si Marianne, mûrie, retrouvait un Cœlio plus jeune, et comme si son cœur s'ouvrait pour la première fois. Et déjà on entrevoit dans cette première et tardive passion vraie le caractère si doucement équivoque de l'amour des femmes qui ne sont presque plus jeunes pour les Chérubins, de cet amour où se mêlent des sentiments indéfinissables et inavoués, un peu de maternité sensuelle, un peu de reconnaissance, beaucoup de jalousie aussi, et la terreur de perdre, l'ayant rencontré trop tard, un bien si précieux et si fragile.

Ces femmes exquises, Camille, Cécile, Marianne, Jacqueline, comme elles sont aimées! Pour elles,

Perdican se parjure; Valentin, plus courageux encore, oublie les gants verts; Cœlio meurt; Fortunio va mourir. Mais, sous ces noms différents, c'est le poète lui-même qui les aime. C'est lui qui a joué au naturel, dans la vie, tous les rôles d'amoureux de son théâtre. Il fut, nous le savons, Fortunio, Cœlio, Perdican; puis, de bonne heure, il se dédoubla, et l'âme ennuyée de Fantasio, l'âme ironique et vide d'Octave, l'âme tragique et désespérée de Lorenzaccio, c'est encore son âme.

⚜

Car, après la vie et le triomphe de l'amour, voici la mort de l'amour, qui a nom la débauche. Oui, l'amour est sacré, et, à cause de cela, il faut aimer quand on en a envie, et ne pas mentir quand on n'aime pas ou quand on n'aime plus, — et ne pas craindre de multiplier les expériences. Mais il advient qu'à force de recommencer (oh! sincèrement chaque fois, et chaque fois pour jamais) la puissance d'aimer se tarit, et le désir reste seul, d'autant plus incurable et inassouvissable qu'il n'est plus que le désir. Plus rien ne subsiste que le besoin éternellement déçu de la secousse égoïste, à laquelle succède chaque fois un désespoir plus morne, d'où renaîtra, pour une déception toujours plus profonde, un besoin toujours plus furieux... Et cela est la fin de tout.

Nul mieux que ce poète de l'amour jeune et

vivant n'a peint les terribles effets sur l'âme de l'abus et de la profanation de l'amour. Le débauché est voué au nihilisme final par l'affreuse monomanie de ne voir partout dans le monde, sous des formes diverses, que d'innombrables manifestations de l'instinct égoïste et stérile dont il est lui-même possédé. Son vice lui décolore la vie et lui souille la création.

« *On ne joue pas avec la débauche* », *tel pourrait être le sous-titre de* LORENZACCIO, *l'œuvre la plus profonde peut-être de Musset, et, par l'extraordinaire luxuriance de l'expression en même temps que par l'intensité du sentiment, le drame le plus réellement shakespearien de notre théâtre. Lorenzo était à vingt ans une âme héroïque et étrangement croyante: car il ne faut pas croire médiocrement à la bonté d'une cause pour oser y sacrifier ce que Lorenzo immole à la sienne. Pour tuer plus sûrement le tyran, il s'est fait, Brutus orgiaque, le pourvoyeur de ses vices et le complice de ses crimes, estimant que la liberté de Florence ne sera pas payée trop cher par quelques centaines de viols, d'enlèvements et de meurtres... Or, il arrive ceci, qu'il est victime de sa feinte; qu'ayant cru à la sainteté de son but au point d'y tendre par le pire artifice, cet artifice a tué sa foi et n'a laissé debout, en lui, qu'une volonté stérile et désespérée. Écoutez-le, la veille du jour où il doit frapper Alexandre de Médicis:*

... Il est trop tard. Je me suis fait à mon métier. Le

vice a été pour moi un vêtement; maintenant il est collé à ma peau. Je suis vraiment un ruffian, et, quand je plaisante sur mes pareils, je me sens sérieux comme la mort au milieu de ma gaieté. Brutus a fait le fou pour tuer Tarquin; et ce qui m'étonne en lui, c'est qu'il n'y ait pas laissé sa raison. Profite de moi, Philippe, voilà ce que j'ai à te dire; ne travaille pas pour ta patrie.

❦

Telle est dans ses traits essentiels (trop pauvrement résumée, hélas!) cette histoire éternelle des voluptés et des gloires, des supplices et des hontes de l'amour. Musset nous l'a contée à son tour, avec une énergie et une vérité qu'on n'avait pas revues depuis Racine, — et, de plus, avec une fantaisie d'imagination qui mêle à la peinture des sentiments et des forces invisibles par où le monde est mené une vision de sa grâce extérieure et des apparences les plus élégantes que le rêve puisse prêter à la vie humaine. Le poète, nous déroulant le drame de l'amour, nous montre surtout notre grande misère, et il n'y sait point de remède, car il n'y en a pas; mais la façon dont il l'exprime nous donne à un degré rare cette impression de beauté, pour la production de laquelle il est possible que le monde ait été uniquement créé.

JULES LEMAITRE.

AVANT-PROPOS

ŒTHE dit quelque part, dans son roman de *Wilhelm Meister*, « qu'un ouvrage d'imagination doit être parfait, ou ne pas exister ». Si cette maxime sévère était suivie, combien peu d'ouvrages existeraient, à commencer par *Wilhelm Meister* lui-même !

Cependant, en dépit de cet arrêt qu'il avait prononcé, le patriarche allemand fut le premier à donner, dans les arts, l'exemple d'une tolérance vraiment admirable. Non seulement il s'étudiait à inspirer à ses amis un respect profond pour les œuvres des grands hommes, mais il voulait toujours qu'au lieu de se rebuter des défauts d'une production médiocre, on cherchât dans un livre, dans une gravure, dans le plus faible et le plus pâle essai, une étincelle de vie; plus d'une fois des jeunes gens à tête chaude, hardis et tranchants, au moment où ils levaient les épaules de pitié, ont entendu sortir des lèvres du vieux maître en cheveux gris ces paroles accompagnées d'un doux sourire : « Il y a quelque chose de bon dans les plus mauvaises choses. »

Les gens qui connaissent l'Allemagne et qui ont approché, dans leurs voyages, quelques-uns des membres de ce cercle esthétique de Weimar, dont l'auteur de *Werther* était l'âme, savent qu'il a laissé après lui cette consolante et noble maxime.

Bien que, dans notre siècle, les livres ne soient guère que des objets de distraction, de pures superfluités où l'*agréable*, ce bouffon suranné, oublie innocemment son confrère l'*utile*, il me semble que, si je me trouvais chargé, pour une production quelconque, du difficile métier de critique, au moment où je poserais le livre pour prendre la plume, la figure vénérable de Gœthe m'apparaîtrait avec sa dignité homérique et son antique bonhomie. En effet, tout homme qui écrit un livre est mû par trois raisons : premièrement, l'amour-propre, autrement dit le désir de la gloire ; secondement, le besoin de s'occuper, et, en troisième lieu, l'intérêt pécuniaire. Selon l'âge et les circonstances, ces trois mobiles varient et prennent dans l'esprit de l'auteur la première ou la dernière place ; mais ils n'en subsistent pas moins.

Si le désir de la gloire est le premier mobile d'un artiste, c'est un noble désir qui ne trouve place que dans une noble organisation. Malgré tous les ridicules qu'on peut trouver à la vanité, et malgré la sentence du Misanthrope de Molière, qui fait remarquer

> ...comme, dans notre temps,
> Cette soif a gâté de fort honnêtes gens ;

malgré tout ce qu'on peut dire de fin et de caustique sur la nécessité de rimer et sur le « qui diantre vous pousse à vous faire imprimer ? » il n'en est pas moins vrai que l'homme, et surtout le jeune homme, qui, se sentant battre le cœur au nom de gloire, de publicité, d'immortalité, etc., pris malgré lui par ce je ne sais quoi qui cherche la fumée, et poussé par une main invisible à répandre sa pensée hors de lui-même; que ce jeune homme, dis-je, qui, pour obéir à son ambition, prend une plume et s'enferme, au lieu de prendre son chapeau et de courir les rues, fait par cela même une preuve de noblesse, je dirai même de probité, en tentant d'arriver à l'estime des hommes et au développement de ses facultés par un chemin solitaire et âpre, au lieu de s'aller mettre, comme une bête de somme, à la queue de ce troupeau servile qui encombre les antichambres, les places publiques, et jusqu'aux carrefours. Quelque mépris, quelque disgrâce qu'il puisse encourir, il n'en est pas moins vrai que l'artiste pauvre et ignoré vaut souvent mieux que les conquérants du monde, et qu'il y a de plus nobles cœurs sous les mansardes où l'on ne trouve que trois chaises, un lit, une table et une grisette, que dans les gémonies dorées et les abreuvoirs de l'ambition domestique.

Si le besoin d'argent fait travailler pour vivre, il me semble que le triste spectacle du talent aux prises avec la faim doit tirer des larmes des yeux les plus secs.

Si enfin un artiste obéit au mobile qu'on peut appeler le besoin naturel du travail, peut-être mérite-t-il plus que jamais l'indulgence : il n'obéit alors ni à l'ambition ni à la misère, mais il obéit à son cœur; on pourrait croire qu'il obéit à Dieu. Qui peut savoir la raison pour laquelle un homme qui n'a ni faux orgueil ni besoin d'argent se décide à écrire? Voltaire a dit, je crois, « qu'un livre était une lettre adressée aux amis inconnus que l'on a sur la terre ». Quant à moi, qui ai eu de tout temps une grande admiration pour Byron, j'avoue qu'aucun panégyrique, aucune ode, aucun écrit sur ce génie extraordinaire, ne m'a autant touché qu'un certain mot que j'ai entendu dire à notre meilleur sculpteur [1], un jour qu'on parlait de *Child Harold* et de *Don Juan*. On discutait sur l'orgueil démesuré du poète, sur ses manies d'affectation, sur ses prétentions au remords, au désenchantement, on blâmait, on louait. Le sculpteur était assis dans un coin de la chambre, sur un coussin à terre, et, tout en remuant dans ses doigts sa cire rouge sur son ardoise, il écoutait la conversation sans y prendre part. Quand on eut tout dit sur Byron, il tourna la tête et prononça tristement ces seuls mots : « Pauvre homme ! » Je ne sais si je me trompe, mais il me semble que cette simple parole de pitié et de sympathie pour le chantre de la douleur en disait à elle seule plus que toutes les phrases d'une encyclopédie.

Bien que j'aie médit de la critique, je suis loin de lui contester ses droits, qu'elle a raison de maintenir, et qu'elle a même solidement établis. Tout le monde sent qu'il y aurait un parfait ridicule à venir dire aux gens : Voilà un livre que je vous offre; vous pouvez le lire et non le juger. La seule chose qu'on puisse raisonnablement demander au public, c'est de juger avec indulgence.

On m'a reproché, par exemple, d'imiter et de m'inspirer de certains hommes et de certaines œuvres. Je réponds franchement qu'au lieu de me le reprocher on aurait dû m'en louer [2]. Il n'en a pas été de tous les

---

1. David d'Angers.
2. Au moment où l'auteur écrivait ces lignes, il avait déjà publié les *Contes d'Espagne et d'Italie* et la première partie du *Spectacle dans un fauteuil*. Il répond ici aux critiques qui l'accusaient d'avoir imité dans ces deux ouvrages divers poètes français et étrangers.

temps comme il en est du nôtre, où le plus obscur écolier jette une main de papier à la tête du lecteur, en ayant soin de l'avertir que c'est tout simplement un chef-d'œuvre. Autrefois il y avait des maîtres dans les arts, et on ne pensait pas se faire tort, quand on avait vingt-deux ans, en imitant et en étudiant les maîtres. Il y avait alors, parmi les jeunes artistes, d'immenses et respectables familles, et des milliers de mains travaillaient sans relâche à suivre les mouvements de la main d'un seul homme. Voler une pensée, un mot, doit être regardé comme un crime en littérature. En dépit de toutes les subtilités du monde et *du bien qu'on prend où on le trouve*, un plagiat n'en est pas moins un plagiat, comme un chat est un chat. Mais s'inspirer d'un maître est une action non seulement permise, mais louable, et je ne suis pas de ceux qui font un reproche à notre grand peintre Ingres de penser à Raphaël, comme Raphaël pensait à la Vierge. Ôter aux jeunes gens la permission de s'inspirer, c'est refuser au génie la plus belle feuille de sa couronne, l'enthousiasme ; c'est ôter à la chanson du pâtre des montagnes le plus doux charme de son refrain, l'écho de la vallée.

L'étranger qui visite le Campo Santo, à Pise, s'est-il jamais arrêté sans respect devant ces fresques à demi effacées qui couvrent encore les murailles ? Ces fresques ne valent pas grand'chose ; si on les donnait pour un ouvrage contemporain, nous ne daignerions pas y prendre garde ; mais le voyageur les salue avec un profond respect quand on lui dit que Raphaël est venu travailler et s'inspirer devant elles. N'y a-t-il pas un orgueil mal placé à vouloir, dans ses premiers essais, voler de ses propres ailes ? N'y a-t-il pas une sévérité injuste à blâmer l'écolier qui respecte le maître ? Non, non, en dépit de l'orgueil humain, des flatteries et des craintes, les artistes ne cesseront jamais d'être des frères; jamais la voix des élus ne passera sur leurs harpes célestes sans éveiller les soupirs lointains de harpes inconnues; jamais ce ne sera une faute de répondre par un cri de sympathie au cri du génie : malheur aux jeunes gens qui n'ont jamais allumé leur flambeau au soleil ! Bossuet le faisait, qui en valait bien d'autres.

Voilà ce que j'avais à dire au public avant de lui donner ce livre, qui est plutôt une étude ou, si vous voulez, une fantaisie, malgré tout ce que ce dernier mot a de prétentieux. Qu'on ne me juge pas trop sévèrement : j'essaye.

J'ai, du reste, à remercier la critique des encouragements qu'elle m'a donnés, et, quelque ridicule qui s'attache à un auteur qui salue ses juges, c'est du fond du cœur que je le fais. Il m'a toujours semblé qu'il y avait autant de noblesse à encourager un jeune homme qu'il y a quelquefois de lâcheté et de bassesse à étouffer l'herbe qui pousse, surtout quand les attaques partent de gens à qui la conscience de leur talent devrait, du moins, inspirer quelque dignité et le mépris de la jalousie.

LA NUIT VÉNITIENNE

OU

LES NOCES DE LAURETTE

COMÉDIE EN UN ACTE

1830

> *Perfide comme l'onde.*
> SHAKESPEARE.

PERSONNAGES

LE PRINCE D'EYSENACH.
LE MARQUIS DELLA RONDA.
RAZETTA.
LE Secrétaire intime GRIMM.
LAURETTE.
Deux Jeunes Vénitiens.
Deux Jeunes Femmes.
MADAME BALBI, suivante de Laurette, personnage muet.

La scène est à Venise.

LA NUIT VÉNITIENNE
(Scène I)

LA NUIT VÉNITIENNE

ou
LES NOCES DE LAURETTE

SCÈNE PREMIÈRE

Une rue. — Au fond, un canal. — Il est nuit.

RAZETTA, descendant d'une gondole, LAURETTE, paraissant à un balcon.

RAZETTA.

Partez-vous, Laurette? Est-il vrai que vous partiez?

LAURETTE.

Je n'ai pu faire autrement.

RAZETTA.

Vous quittez Venise?

LAURETTE.

Demain matin.

RAZETTA.

Ainsi cette funeste nouvelle qui courait la ville aujourd'hui n'est que trop vraie : on vous vend au prince d'Eysenach. Quelle fête ! votre orgueilleux tuteur n'en mourra-t-il pas de joie ? Lâche et vil courtisan !

LAURETTE.

Je vous en prie, Razetta, n'élevez pas la voix, ma gouvernante est dans la salle voisine ; on m'attend, je ne puis que vous dire adieu.

RAZETTA.

Adieu pour toujours ?

LAURETTE.

Pour toujours !

RAZETTA.

Je suis assez riche pour vous suivre en Allemagne.

LAURETTE.

Vous ne devez pas le faire. Ne nous opposons pas, mon ami, à la volonté du Ciel.

RAZETTA.

La volonté du Ciel écoutera celle de l'homme. Bien que j'aie perdu au jeu la moitié de mon bien, je vous répète que j'en ai assez pour vous suivre, et que j'y suis déterminé.

LAURETTE.

Vous nous perdrez tous deux par cette action.

RAZETTA.

La générosité n'est plus de mode sur cette terre.

LAURETTE.

Je le vois ; vous êtes au désespoir.

RAZETTA.

Oui, et l'on a agi prudemment en ne m'invitant pas à votre noce.

LAURETTE.

Écoutez, Razetta ; vous savez que je vous ai beaucoup aimé. Si mon tuteur y avait consenti, je serais à vous depuis longtemps. Une fille ne dépend pas d'elle ici-bas. Voyez dans quelles mains est ma destinée ; vous-même, ne pouvez-vous pas me perdre par le moindre éclat ? Je me suis soumise à mon sort. Je sais qu'il peut vous paraître brillant, heureux... Adieu ! adieu ! je ne puis en dire davantage... Tenez ! Voici ma croix d'or que je vous prie de garder.

RAZETTA.

Jette-la dans la mer ; j'irai la rejoindre.

LAURETTE.

Mon Dieu ! revenez à vous !

RAZETTA.

Pour qui, depuis tant de jours et tant de nuits, ai-je rôdé comme un assassin autour de ces murailles ? Pour qui ai-je tout quitté ? Je ne parle pas de mes devoirs, je les méprise ; je ne parle pas de mon pays, de ma famille, de mes amis : avec de l'or on en trouve partout. Mais l'héritage de mon père, où est-il ? J'ai perdu mes épaulettes ; il n'y a donc que vous au monde à qui je tienne. Non,

non, celui qui a mis sa vie entière sur un coup de dé ne doit pas si vite abandonner la chance.

LAURETTE.

Mais que voulez-vous de moi ?

RAZETTA.

Je veux que vous veniez avec moi à Gênes.

LAURETTE.

Comment le pourrais-je ? Ignorez-vous que celle à qui vous parlez ne s'appartient plus ? Hélas ! Razetta, je suis princesse d'Eysenach.

RAZETTA.

Ah ! rusée Vénitienne, ce mot n'a pu passer sur tes lèvres sans leur arracher un sourire.

LAURETTE.

Il faut que je me retire... Adieu, adieu, mon ami.

RAZETTA.

Tu me quittes ? — Prends-y garde ; je n'ai pas été jusqu'à présent de ceux que la colère rend faibles. J'irai te demander à ton second père l'épée à la main.

LAURETTE.

Je l'avais prévu que cette nuit nous serait fatale. Ah ! pourquoi ai-je consenti à vous voir encore une fois ?

RAZETTA.

Es-tu donc une Française ? Le soleil du jour de ta naissance était-il donc si pâle que le sang soit glacé dans tes veines ?... Ou ne m'aimes-tu pas ?

Quelques bénédictions d'un prêtre, quelques paroles d'un roi, ont-elles changé en un instant ce que deux mois de supplice... ou mon rival peut-être...

LAURETTE.

Je ne l'ai pas vu.

RAZETTA.

Comment! tu es cependant princesse d'Eysenach?

LAURETTE.

Vous ne connaissez pas l'usage de ces cours. Un envoyé du prince, le baron Grimm, son secrétaire intime, est arrivé ce matin.

RAZETTA.

Je comprends. On a placé ta froide main dans la main du vassal insolent, décoré des pouvoirs du maître; la royale procuration, sanctionnée par l'officieux chapelain de Son Excellence, a réuni aux yeux du monde deux êtres inconnus l'un à l'autre. Je suis au fait de ces cérémonies. Et toi, ton cœur, ta tête, ta vie, marchandés par entremetteurs, tout a été vendu au plus offrant; une couronne de reine t'a faite esclave pour jamais; et cependant ton fiancé, enseveli dans les délices d'une cour, attend nonchalamment que sa nouvelle épouse...

LAURETTE.

Il arrive ce soir à Venise.

RAZETTA.

Ce soir? Ah! vraiment! voilà encore une imprudence de m'en avertir.

LAURETTE.

Non, Razetta; je ne puis croire que tu veuilles ma perte; je sais qui tu es et quelle réputation tu t'es faite par des actions qui auraient dû m'éloigner de toi. Comment j'en suis venue à t'aimer, à te permettre de m'aimer moi-même, c'est ce dont je ne suis pas capable de rendre compte. Que de fois j'ai redouté ton caractère violent, excité par une vie de désordres qui seule aurait dû m'avertir de mon danger! — Mais ton cœur est bon.

RAZETTA.

Tu te trompes; je ne suis pas un lâche, et voilà tout. Je ne fais pas le mal pour le bien; mais, par le Ciel! je sais rendre le mal pour le mal. Quoique bien jeune, Laurette, j'ai trop connu ce qu'on est convenu d'appeler la vie pour n'avoir pas trouvé au fond de cette mer le mépris de ce qu'on aperçoit à sa surface. Sois bien convaincue que rien ne peut m'arrêter.

LAURETTE.

Que feras-tu?

RAZETTA.

Ce n'est pas, du moins, mon talent de spadassin qui doit t'effrayer ici. J'ai affaire à un ennemi dont le sang n'est pas fait pour mon épée.

LAURETTE.

Eh bien donc?...

RAZETTA.

Que t'importe? c'est à moi de m'occuper de moi. Je vois des flambeaux traverser la galerie : on t'attend.

LAURETTE.

Je ne quitterai pas ce balcon que tu ne m'aies promis de ne rien tenter contre toi, ni contre...

RAZETTA.

Ni contre lui?

LAURETTE.

Contre cette Laurette que tu dis avoir aimée, et dont tu veux la perte. Ah! Razetta, ne m'accablez pas; votre colère me fait frémir. Je vous supplie de me donner votre parole de ne rien tenter.

RAZETTA.

Je vous promets qu'il n'y aura pas de sang.

LAURETTE.

"Que vous ne ferez rien; que vous attendrez... que vous tâcherez de m'oublier, de...

RAZETTA.

Je fais un échange : permettez-moi de vous suivre.

LAURETTE.

De me suivre, ô mon Dieu!

RAZETTA.

A ce prix, je consens à tout.

LAURETTE.

On vient... Il faut que je me retire... Au nom du Ciel... Me jurez-vous...

RAZETTA.

Ai-je aussi votre parole? Alors vous avez la mienne.

LAURETTE.

Razetta, je m'en fie à votre cœur; l'amour d'une femme a pu y trouver place, le respect de cette femme l'y trouvera. Adieu, adieu! Ne voulez-vous donc point de cette croix?

RAZETTA.

Oh! ma vie!

<small>Il reçoit la croix ; elle se retire.</small>

RAZETTA, seul.

Ainsi je l'ai perdue. — Razetta, il fut un temps où cette gondole, éclairée d'un falot de mille couleurs, ne portait sur cette mer indolente que le plus insouciant de ses fils. Les plaisirs des jeunes gens, la passion furieuse du jeu, t'absorbaient; tu étais gai, libre, heureux; on le disait, du moins; l'inconstance, cette sœur de la folie, était maîtresse de tes actions; quitter une femme te coûtait quelques larmes, en être quitté te coûtait un sourire. Où en es-tu arrivé?

Mer profonde, heureusement il t'est facile d'éteindre une étincelle. Pauvre petite croix, qui avais sans doute été placée dans une fête, ou pour un jour de naissance, sur le sein tranquille d'un enfant; qu'un vieux père avait accompagnée de sa bénédiction; qui, au chevet d'un lit, avais veillé dans le silence des nuits sur l'innocence; sur qui, peut-être, une bouche adorée se posa plus d'une fois pendant la prière du soir, tu ne resteras pas longtemps entre mes mains.

La belle part de ta destinée est accomplie; je t'emporte, et les pêcheurs de cette rive te trouveront rouillée sur mon cœur.

Laurette! Laurette! Ah! je me sens plus lâche qu'une femme. Mon désespoir me tue, il faut que je pleure.

On entend le son d'une symphonie sur l'eau. Une gondole chargée de femmes et de musiciens passe.

UNE VOIX DE FEMME.

Gageons que c'est Razetta.

UNE AUTRE.

C'est lui, sous les fenêtres de la belle Laurette.

UN JEUNE HOMME.

Toujours à la même place! Hé! holà! Razetta! le premier mauvais sujet de la ville refusera-t-il une partie de fous? Je te somme de prendre un rôle dans notre mascarade, et de venir nous égayer.

RAZETTA.

Laissez-moi seul, je ne puis aller ce soir avec vous : je vous prie de m'excuser.

UNE DES FEMMES.

Razetta, vous viendrez; nous serons de retour

dans une heure. Qu'on ne dise pas que nous ne pouvons rien sur vous, et que Laurette vous a fait oublier vos amis.

RAZETTA.

C'est aujourd'hui la noce; ne le savez-vous pas ? J'y suis prié, et ne puis manquer de m'y rendre. Adieu, je vous souhaite beaucoup de plaisir ; prêtez-moi seulement un masque.

LA VOIX DE FEMME.

Adieu, converti.

Elle lui jette un masque.

LE JEUNE HOMME.

Adieu, loup devenu berger. Si tu es encore là, nous te prendrons en revenant.

Musique. La gondole s'éloigne.

RAZETTA.

J'ai changé subitement de pensée. Ce masque va m'être utile. Comment l'homme est-il assez insensé pour quitter cette vie, tant qu'il n'a pas épuisé toutes ses chances de bonheur ? Celui qui perd sa fortune au jeu quitte-t-il le tapis tant qu'il lui reste une pièce d'or ? Une seule pièce peut lui rendre tout. Comme un minerai fertile, elle peut ouvrir une large veine. Il en est de même des espérances. Oui, je suis résolu d'aller jusqu'au bout.

D'ailleurs, la mort est toujours là ; n'est-elle pas partout sous les pieds de l'homme, qui la rencontre à chaque pas dans cette vie ? L'eau, le feu, la terre, tout la lui offre sans cesse; il la voit partout dès qu'il la cherche; il la porte à son côté.

Essayons donc. Qu'ai-je dans le cœur?

Une haine et un amour. — Une haine, c'est un meurtre. — Un amour, c'est un rapt. Voici ce que le commun des hommes doit voir dans ma position.

Mais il me faut trouver quelque chose de nouveau ici, car d'abord j'ai affaire à une couronne. Oui, tout moyen usé d'ailleurs me répugne. Voyons, puisque je suis déterminé à risquer ma tête, je veux la mettre au plus haut prix possible. Que ferai-je dire demain à Venise? Dira-t-on: « Razetta s'est noyé de désespoir pour Laurette, qui l'a quitté? » Ou: « Razetta a tué le prince d'Eysenach et enlevé sa maîtresse? » Tout cela est commun. « Il a été quitté par Laurette, et il l'a oubliée un quart d'heure après? » Ceci vaudrait mieux; mais comment? En aurai-je le courage?

Si l'on disait: « Razetta, au moyen d'un déguisement, s'est d'abord introduit chez son infidèle »; ensuite: « Au moyen d'un billet qu'il lui a fait remettre, et par lequel il l'avertissait qu'à telle heure... » Il me faudrait ici... de l'opium... Non! point de ces poisons douteux ou timides, qui donnent au hasard le sommeil ou la mort: le fer est plus sûr. Mais une main si faible?... Qu'importe? Le courage est tout. La fable qui courra la ville demain matin sera étrange et nouvelle.

Des lumières traversent une seconde fois la maison.

Réjouis-toi, famille détestée, j'arrive; et celui qui ne craint rien peut être à craindre.

Il met son masque et entre.

UNE VOIX dans la coulisse.

Où allez-vous?

RAZETTA, de même.

Je suis engagé à souper chez le marquis.

SCÈNE II

Une salle donnant sur un jardin. — Plusieurs masques se promènent.

LE MARQUIS, LE SECRÉTAIRE.

LE MARQUIS.

Combien je me trouve honoré, Monsieur le secrétaire intime, en vous voyant prendre quelque plaisir à cette fête, qui est la plus médiocre du monde!

LE SECRÉTAIRE.

Tout est pour le mieux, et votre jardin est charmant. Il n'y a qu'en Italie qu'on en trouve d'aussi délicieux.

LE MARQUIS.

Oui, c'est un jardin anglais. Vous ne désireriez

pas de vous reposer ou de prendre quelques rafraîchissements?

LE SECRÉTAIRE.

Nullement.

LE MARQUIS.

Que dites-vous de mes musiciens?

LE SECRÉTAIRE.

Ils sont parfaits; il faut avouer que là-dessus, Monsieur le marquis, votre pays mérite bien sa réputation.

LE MARQUIS.

Oui, oui, ce sont des Allemands. Ils arrivèrent hier de Leipsick, et personne ne les a encore possédés dans cette ville. Combien je serais ravi si vous aviez trouvé quelque intérêt dans le divertissement du ballet!

LE SECRÉTAIRE.

A merveille, et l'on danse très bien à Venise.

LE MARQUIS.

Ce sont des Français. Chaque bayadère me coûte deux cents florins. Pousseriez-vous jusqu'à cette terrasse?

LE SECRÉTAIRE.

Je serai enchanté de la voir.

LE MARQUIS.

Je ne puis vous exprimer ma reconnaissance. A quelle heure pensez-vous qu'arrive le prince notre maître? Car la nouvelle dignité qu'il m'a...

LE SECRÉTAIRE.

Vers dix ou onze heures.

<small>Ils s'éloignent en causant. — Laurette entre; Mme Balbi se lève et va à sa rencontre. Toutes deux demeurent appuyées sur une balustrade, dans le fond de la scène, et paraissent s'entretenir. En ce moment, Razetta, masqué, s'avance vers l'avant-scène.</small>

RAZETTA.

Il me semble que j'aperçois Laurette. Oui, c'est elle qui vient d'entrer. Mais comment parviendrai-je à lui parler sans être remarqué ? — Depuis que j'ai mis le pied dans ces jardins, tous mes projets se sont évanouis pour faire place à ma colère. Un seul dessein m'est resté ; mais il faut qu'il s'exécute ou que je meure.

<small>Il s'approche d'une table et écrit quelques mots au crayon.</small>

LE SECRÉTAIRE, rentrant, au marquis.

Ah ! voilà un des galants de votre bal qui écrit un billet doux. Est-ce l'usage à Venise ?

LE MARQUIS.

C'est un usage auquel vous devez comprendre, Monsieur, que les jeunes filles restent étrangères. Voudriez-vous faire une partie de cartes ?

LE SECRÉTAIRE.

Volontiers ; c'est un moyen de passer le temps fort agréablement.

LE MARQUIS.

Asseyons-nous donc, s'il vous plaît. Monsieur le secrétaire intime, j'ai l'honneur de vous saluer. Le prince, m'avez-vous dit, doit arriver à dix ou onze heures. Ce sera donc dans un quart d'heure ou dans une heure un quart, car il est précisément neuf heures trois quarts. C'est à vous de jouer.

LE SECRÉTAIRE.

Jouons-nous cinquante florins?

LE MARQUIS.

Avec plaisir. C'est un récit bien intéressant pour nous, Monsieur, que celui que vous avez bien voulu déjà me laisser deviner et entrevoir de la manière dont Son Excellence était devenue éprise de la chère princesse, ma nièce. J'ai l'honneur de vous demander du pique.

LE SECRÉTAIRE.

C'est, comme je vous disais, en voyant son portrait; cela ressemble un peu à un conte de fée.

LE MARQUIS.

Sans doute! ah! ah!... délicieux! sur un portrait!... Je n'en ai plus, j'ai perdu... Vous disiez donc?...

LE SECRÉTAIRE.

Ce portrait, qui était, il est vrai, d'une ressemblance frappante, et par conséquent d'une beauté parfaite...

LE MARQUIS.

Vous êtes mille fois trop bon.

LE SECRÉTAIRE.

Voulez-vous votre revanche?

LE MARQUIS.

Avec plaisir. « D'une beauté parfaite... »

LE SECRÉTAIRE.

Resta longtemps sur la table où il a l'habitude d'écrire. Le prince, à vous dire le vrai... (j'ai du rouge) est un véritable original.

LE MARQUIS.

Réellement?... C'est unique! je ne me sens pas de joie en pensant que d'ici à une heure... Voici encore du rouge.

LE SECRÉTAIRE.

Il abhorrait les femmes, du moins il le disait. C'est le caractère le plus fantasque! Il n'aime ni le jeu, ni la chasse, ni les arts. Vous avez encore perdu.

LE MARQUIS.

Ah! ah! c'est du dernier plaisant!... Comment! il n'aime rien de tout cela? Ah! ah! vous avez parfaitement raison, j'ai perdu. C'est délicieux!

LE SECRÉTAIRE.

Il a beaucoup voyagé, en Europe surtout. Jamais nous n'avons été instruits de ses intentions que le matin même du jour où il partait pour une de ces excursions souvent fort longues. « Qu'on mette les chevaux, disait-il à son lever, nous irons à Paris. »

LE MARQUIS.

J'ai entendu dire la même chose de l'empereur Bonaparte. Singulier rapprochement!

LE SECRÉTAIRE.

Son mariage fut aussi extraordinaire que ses

voyages : il m'en donna l'ordre comme s'il s'agissait de l'action la plus indifférente de sa vie, car c'est la paresse personnifiée que le prince. « Quoi ! Monseigneur, lui dis-je, sans l'avoir vue ! — Raison de plus », me dit-il ; ce fut toute sa réponse. Je laissai, en partant, toute la cour bouleversée et dans une rumeur épouvantable.

LE MARQUIS.

Cela se conçoit... Eh ! eh ! — Du reste, monseigneur n'aurait pu se fournir d'un procureur plus parfaitement convenable que vous-même, Monsieur le secrétaire intime. J'espère que vous voudrez bien m'en croire persuadé. J'ai encore perdu.

LE SECRÉTAIRE.

Vous jouez d'un singulier malheur.

LE MARQUIS.

Oui, n'est-il pas vrai ? Cela est fort remarquable. Un de mes amis, homme d'un esprit enjoué, me disait plaisamment avant-hier, à la table de jeu d'un des principaux sénateurs de cette ville, que je n'aurais qu'un moyen de gagner, ce serait de parier contre moi.

LE SECRÉTAIRE.

Ah ! ah ! c'est juste !

LE MARQUIS.

Ce serait, lui répondis-je, ce qu'on pourrait appeler un bonheur malheureux. Eh ! eh !

Il rit.

LE SECRÉTAIRE.

Absolument.

LE MARQUIS.

Ce sont deux mots qui, je crois, ne se trouvent pas souvent rapprochés... Eh! eh! — Mais permettez-moi, de grâce, une seule question : Son Excellence aime-t-elle la musique?

LE SECRÉTAIRE.

Beaucoup. C'est son seul délassement.

LE MARQUIS.

Combien je me trouve heureux d'avoir, depuis l'âge de onze ans, fait apprendre à ma nièce la harpo-lyre et le forte-piano! Seriez-vous, par hasard, bien aise de l'entendre chanter?

LE SECRÉTAIRE.

Certainement.

LE MARQUIS, à un valet.

Veuillez avertir la princesse que je désire lui parler.

A Laurette qui entre.

Laure, je vous prie de nous faire entendre votre voix. Monsieur le secrétaire intime veut bien vous engager à nous donner ce plaisir.

LAURETTE.

Volontiers, mon cher oncle; quel air préférez-vous?

LE MARQUIS.

Di piacer, di piacer, di piacer. Ma nièce ne s'est jamais fait prier.

SCÈNE II

LAURETTE.

Aidez-moi à ouvrir le piano.

RAZETTA, toujours masqué, s'avance et ouvre le piano.
A voix basse.

Lisez ceci quand vous serez seule.

Elle reçoit son billet.

LE SECRÉTAIRE.

La princesse pâlit.

LE MARQUIS.

Ma chère fille, qu'avez-vous donc?

LAURETTE.

Rien, rien, je suis remise.

LE MARQUIS, bas au secrétaire.

Vous concevez qu'une jeune fille...

Laurette frappe les premiers accords.

UN VALET, entrant, bas au marquis.

Son Excellence vient d'entrer dans le jardin.

LE MARQUIS.

Son Excell...! Allons à sa rencontre.

Il se lève.

LE SECRÉTAIRE.

Au contraire. — Permettez-moi de vous dire deux mots.

Pendant ce temps, Laurette joue la ritournelle pianissimo.

Vous voyez que le prince ne fait avertir que vous seul de son arrivée. Que le reste de vos conviés s'éloigne. Je connais les usages, et je sais que dans toutes les cours il y a une présentation; mais rien de ce qui est fait pour tout le monde ne saurait plaire à notre jeune souverain. Veuillez m'accompagner seul auprès du prince. La jeune mariée restera, s'il vous plaît.

LE MARQUIS.

Eh quoi! seule ici?

LE SECRÉTAIRE.

J'agis d'après les ordres du prince.

LE MARQUIS.

Monsieur, je vais donner les miens en conséquence; me conformer en tout aux moindres volontés de Son Excellence est pour moi le premier, le plus sacré des devoirs. Ne dois-je pas pourtant avertir ma nièce?

LE SECRÉTAIRE.

Certainement.

LE MARQUIS.

Laurette!

Il lui parle à l'oreille. Un moment après, les masques se dispersent dans les jardins et laissent le théâtre libre. Le marquis et le secrétaire sortent ensemble.

LAURETTE, restée seule, tire le billet de Razetta de son sein et lit.

Les serments que j'ai pu te faire ne peuvent me retenir loin de toi. Mon stylet est caché sous le pied de ton clavecin. Prends-le, et frappe mon rival, si tu ne peux réussir avant onze heures sonnantes à t'échapper et à venir me retrouver au pied de ton balcon, où je t'attends. Crois que, si tu me refuses, j'entendrai sonner l'heure, et que ma mort est certaine.

RAZETTA.

<small>Elle regarde autour d'elle.</small>

Seule ici!...

<small>Elle va prendre le stylet.</small>

Tout est perdu : car je le connais, il est capable de tout. O Dieu! il me semble que j'entends monter à la terrasse. Est-ce déjà le prince? — Non, tout est tranquille.

A onze heures, si tu ne peux réussir à t'échapper. Crois que, si tu me refuses, ma mort est certaine!...

O Razetta, Razetta! insensé, il m'en coûte cher de t'avoir aimé!

Fuirai-je?... La princesse d'Eysenach fuira-t-elle? avec qui?... avec un joueur déjà presque ruiné? avec un homme plus redoutable seul que tous les malheurs... Si j'avertissais le prince? — O Ciel! on vient.

Mais Razetta! il se tuera sans doute sous mes fenêtres...

Le prince ne peut tarder; je vois des pages avec des flambeaux traverser l'orangerie. La nuit est obscure; le vent agite ces lumières; écoutons... Quelle singulière frayeur me saisit! Quel est l'homme qui va se présenter à moi?... Inconnus l'un à l'autre... que va-t-il me dire?... Oserai-je lever les yeux sur lui?... Oh! je sens battre mon cœur... L'heure va si vite! onze heures seront bientôt arrivées!...

UNE VOIX, en dehors.

Son Excellence veut-elle monter cet escalier?

LAURETTE.

C'est lui! il vient.

Elle écoute.

Je ne me sens pas la force de me lever; cachons ce stylet.

Elle le met dans son sein.

Eysenach, c'est donc à la mort que tu marches?... Ah! la mienne aussi est certaine...

Elle se penche à la fenêtre.

Razetta se promène lentement sur le rivage!... Il ne peut me manquer... Allons!... Prenons cependant assez de force pour cacher ce que j'éprouve... Il le faut... Voici l'instant.

Se regardant.

Dieu! que je suis pâle! mes cheveux en désordre...

Le prince entre par le fond; il a à la main un portrait; il s'avance lentement, en considérant tantôt l'original, tantôt la copie.

LE PRINCE.

Parfait.

Laurette se retourne et demeure interdite.

Et cependant comme en tout l'art est constamment au-dessous de la nature, surtout lorsqu'il cherche à l'embellir! La blancheur de cette peau pourrait s'appeler de la pâleur ; ici je trouve que les roses étouffent les lis. — Ces yeux sont plus vifs, — ces cheveux plus noirs. — Le plus parfait des tableaux n'est qu'une ombre : tout y est à la surface ; l'immobilité glace ; l'âme y manque totalement ; c'est une beauté qui ne passe pas l'épiderme. D'ailleurs, ce trait même à gauche...

Laurette fait quelques pas. Le prince ne cesse pas de la regarder.

Il n'importe : je suis content de Grimm ; je vois qu'il ne m'a pas trompé.

Il s'assoit.

Ce petit palais est très gentil : on m'avait dit que cette pauvre fille n'avait rien. Comment donc ! mais c'est un élégant que mon oncle, monsieur le... le...

A Laurette.

Votre oncle est marquis, je crois ?

LAURETTE.

Oui... Monseigneur...

LE PRINCE.

Je me sens la tentation de quitter cette vieille prude d'Allemagne et de venir m'établir ici. Ah ! diable, je fais une réflexion : on est obligé d'aller à pied. — Est-ce que toutes les femmes sont aussi jolies que vous dans cette ville ?

LAURETTE.

Monseigneur...

LE PRINCE.

Vous rougissez... De qui donc avez-vous peur? Nous sommes seuls.

LAURETTE.

Oui... mais...

LE PRINCE, se levant.

Est-ce que par hasard mon grand guindé de secrétaire se serait mal acquitté de sa représentation? Les compliments d'usage ont-ils été faits? Aurait-il négligé quelque chose? En ce cas, excusez-moi : je pensais que les quatre premiers actes de la comédie étaient joués, et que j'arrivais seulement pour le cinquième.

LAURETTE.

Mon tuteur...

LE PRINCE.

Vous tremblez?

Il lui prend la main.

Reposez-vous sur ce sofa. Je vous supplie de répondre à ma question.

LAURETTE.

Votre Excellence me pardonnera : je ne chercherai pas à lui cacher que je souffre... un peu... elle voudra bien ne pas s'étonner...

LE PRINCE.

Voici du vinaigre excellent.

Il lui donne sa cassolette.

Vous êtes bien jeune, Madame; et moi aussi.

Cependant, comme les romans ne me sont pas défendus, non plus que les comédies, les tragédies, les nouvelles, les histoires et les mémoires, je puis vous apprendre ce qu'ils m'ont appris. Dans tout morceau d'ensemble, il y a une introduction, un thème, deux ou trois variations, un andante et un presto. A l'introduction, vous voyez les musiciens encore mal se répondre, chercher à s'unir, se consulter, s'essayer, se mesurer; le thème les met d'accord; tous se taisent ou murmurent faiblement, tandis qu'une voix harmonieuse les domine; je ne crois pas nécessaire de faire l'application de cette parabole. Les variations sont plus ou moins longues, selon ce que la pensée éprouve : mollesse ou fatigue. Ici, sans contredit, commence le chef-d'œuvre; l'andante, les yeux humides de pleurs, s'avance lentement, les mains s'unissent; c'est le romanesque, les grands serments, les petites promesses, les attendrissements, la mélancolie. — Peu à peu tout s'arrange : l'amant ne doute plus du cœur de sa maîtresse; la joie renaît, le bonheur par conséquent : la bénédiction apostolique et romaine doit trouver ici sa place, car, sans cela, le presto survenant... Vous souriez ?

LAURETTE.

Je souris d'une pensée...

LE PRINCE.

Je la devine. Mon procureur a sauté l'adagio.

LAURETTE.

Faussé, je crois.

LE PRINCE.

Ce sera à moi de réparer ses maladresses. Cependant ce n'était pas mon plan. Ce que vous me dites me fait réfléchir.

LAURETTE.

Sur quoi?

LE PRINCE.

Sur une théorie du professeur Mayer, à Francfort-sur-l'Oder.

LAURETTE.

Ah!

LE PRINCE.

Oui, il s'est trompé, si vous êtes née à Venise.

LAURETTE.

Dans cette maison même.

LE PRINCE.

Diable! pourtant il prétendait que ce que vos compatriotes estimaient le moins... était précisément ce qui manque...

LAURETTE.

Au secrétaire intime?...

LE PRINCE.

Et, de plus, qu'on juge d'un caractère sur un portrait. Vous pourriez, je le vois, soutenir la controverse.

Il lui baise la main.

Vous tremblez encore.

LAURETTE.

Je ne sais... je... non...

LE PRINCE.

Heureusement que je suis entre la fenêtre et la pendule.

LAURETTE, effrayée.

Que dit Votre Excellence?

LE PRINCE.

Que ces deux points partagent singulièrement votre attention. Je crois que vous avez peur de moi.

LAURETTE.

Pourquoi?... nullement... je... je ne puis vous dissimuler...

LE PRINCE.

Voici une main qui dit le contraire. Aimez-vous les bijoux?

Il lui met un bracelet.

LAURETTE.

Quels magnifiques diamants!

LE PRINCE.

Ce n'est plus la mode. Mais que vois-je? L'anneau a été oublié.

LAURETTE.

Le secrétaire...

LE PRINCE.

En voici un : j'ai toujours des joujoux de poupée dans mes poches. Décidément, vous voulez savoir l'heure.

LAURETTE.

Non... je cherche...

LE PRINCE.

J'avais entendu dire qu'un Français était quelquefois embarrassé devant une Italienne. Vous vous levez?

LAURETTE.

Je suis souffrante.

LE PRINCE.

Vous voulez vous mettre à la fenêtre?

LAURETTE, à la fenêtre.

Ah!

LE PRINCE.

De grâce, qu'avez-vous? Serais-je réellement assez malheureux pour vous inspirer de l'effroi?

Il la ramène au sofa.

En ce cas, je serais le plus malheureux des hommes, car je vous aime et ne pourrai vivre sans vous.

LAURETTE.

Encore une raillerie? Prince, celle-ci n'est pas charitable.

LE PRINCE.

De l'orgueil? Veuillez m'écouter.

Je me suis figuré qu'une femme devait faire plus de cas de son âme que de son corps, contre l'usage général, qui veut qu'elle permette qu'on l'aime avant d'avouer qu'elle aime, et qu'elle abandonne ainsi le trésor de son cœur avant de consentir à la plus légère prise sur celui de sa beauté. J'ai voulu, oui, voulu absolument tenter de renverser cette marche uniforme : la nouveauté est ma rage. Ma fantaisie et ma paresse, les seuls dieux dont j'aie jamais encensé les autels, m'ont vainement laissé parcourir le monde, poursuivi par ce bizarre dessein ; rien ne s'offrait à moi. Peut-être je m'explique mal. J'ai eu la singulière idée d'être l'époux d'une femme avant d'être son amant. J'ai voulu voir si réellement il existait une âme assez orgueilleuse pour demeurer fermée lorsque les bras sont ouverts, et livrer la bouche à des baisers muets ; vous concevez que je ne craignais que de trouver cette force à la froideur. Dans toutes les contrées qu'aime le soleil, j'ai trouvé les traits les plus capables de révéler qu'une âme ardente y était enfermée : j'ai cherché la beauté dans tout son éclat, cet amour qu'un regard fait naître ; j'ai désiré un visage assez beau pour me faire oublier qu'il était moins beau que l'être invisible qui l'anime ; insensible à tout, j'ai résisté à tout... excepté à une femme, — à vous, Laurette, qui m'apprenez que je me suis un peu mépris dans mes idées orgueilleuses ; à vous, devant qui je ne voulais soulever le masque qui couvre ici-bas les hommes qu'après être devenu votre époux. — Vous me l'avez arraché, je vous supplie de me pardonner si j'ai pu vous offenser.

LAURETTE.

Prince, vos discours me confondent... Faut-il que je croie?...

LE PRINCE.

Il faut que la princesse d'Eysenach me pardonne; il faut qu'elle permette à son époux de redevenir l'amant le plus soumis; il faut qu'elle oublie toutes ses folies...

LAURETTE.

Et toute sa finesse?

LE PRINCE.

Elle pâlit devant la vôtre. La beauté et l'esprit...

LAURETTE.

Ne sont rien. Voyez comme nous nous ressemblons peu.

LE PRINCE.

Si vous en faites si peu de cas, je vais revenir à mon rêve.

LAURETTE.

Comment?

LE PRINCE.

En commençant par la première.

LAURETTE.

Et en oubliant le second?

LE PRINCE.

Prenez garde à un homme qui demande un pardon : il peut avoir si aisément la tentation d'en mériter deux!

LAURETTE.
Ceci est une théorie.
LE PRINCE.
Non pas.
Il l'embrasse.
Cependant, je vous vois encore agitée. Gageons que, toute jeune que vous êtes, vous avez déjà fait un calcul.
LAURETTE.
Lequel? il y en a tant à faire! et un jour comme celui-ci en voit tant!
LE PRINCE.
Je ne parle que de celui des qualités d'époux. Peut-être ne trouvez-vous rien en moi qui les annonce. Dites-moi, est-ce bien sérieusement que vous avez pu jamais réfléchir à cet important et grave sujet? De quelle pâte débonnaire, de quels faciles éléments aviez-vous pétri d'avance cet être dont l'apparition change tant de douces nuits en insomnie? Peut-être sortez-vous du couvent?
LAURETTE.
Non.
LE PRINCE.
Il faut songer, chère princesse, que, si votre gouvernante vous gênait, si votre tuteur vous contrariait, si vous étiez surveillée, tancée quelquefois, vous allez entrer demain (n'est-ce pas demain?) dans une atmosphère de despotisme et de tyrannie; vous allez respirer l'air délicieux de

la plus aristocratique bonbonnière : c'est de ma petite cour que je parle, et non de la vôtre, car je suis le premier de vos sujets. Une grave duègne vous suivra, c'est l'usage ; mais je la payerai pour qu'elle ne dise rien à votre mari. Aimez-vous les chevaux, la chasse, les fêtes, les spectacles, les dragées, les amants, les petits vers, les diamants, les soupers, le galop, les masques, les petits chiens, les folies ? — Tout pleuvra autour de vous. Enseveli au fond de la plus reculée des ailes de votre château, le prince ne saura et ne verra que ce que vous voudrez. Avez-vous envie de lui pour une partie de plaisir ? Un ordre expédié de la part de la reine avertira le roi de prendre son habit de chasse, de bal ou d'enterrement. Voulez-vous être seule ? Quand toutes les sérénades de la terre retentiraient sous vos fenêtres, le prince, au fond de son donjon gothique, n'entendra rien au monde ; une seule loi régnera dans votre cour : la volonté de la souveraine. Ressembleriez-vous par hasard à l'une de ces femmes pour qui l'ambition, les honneurs, le pouvoir, eurent tant de charmes ? Cela m'étonnerait, et mon vieux docteur aussi ; mais n'importe. Les hochets que je mettrais alors entre vos mains pour amuser vos loisirs seraient d'autre nature : ils se composeraient d'abord de quelques-unes de ces marionnettes qu'on nomme des ministres, des conseillers, des secrétaires ; pareil à des châteaux de cartes, tout l'édifice politique de leur sagesse dépendrait d'un souffle de votre bouche ; autour de vous s'agiterait en tous sens la foule de ces roseaux que plie et relève le vent des cours ; vous serez un despote, si vous ne voulez être une reine. Ne faites pas surtout un rêve sans le réaliser ; qu'un caprice, qu'un faible désir n'échappe pas à ceux qui vous entourent, et dont l'existence entière est consacrée à vous obéir. Vous choisirez entre vos fantaisies, ce sera tout votre travail, Madame ; et si le pays que je vous décris...

LAURETTE.

C'est le paradis des femmes.

LE PRINCE.

Vous en serez la déesse.

LAURETTE.

Mais le rêve sera-t-il éternel ? Ne cassez-vous jamais le pot au lait ?

LE PRINCE.

Jamais.

LAURETTE.

Ah ! qui m'en assure ?

LE PRINCE.

Un seul garant, — mon indicible, ma délicieuse paresse. Voilà bientôt vingt-cinq ans que j'essaye de vivre, Laurette. J'en suis las ; mon existence me fatigue ; je rattache à la vôtre ce fil qui s'allait briser ; vous vivrez pour moi, j'abdique ; vous chargez-vous de cette tâche ? Je vous remets le soin de mes jours, de mes pensées, de mes actions ; et pour mon cœur...

LAURETTE.

Est-il compris dans le dépôt ?

LE PRINCE.

Il n'y sera que le jour où vous l'en aurez jugé digne ; jusque-là, j'ai votre portrait. — Je l'aime, je lui dois tout ; je lui ai tout promis, pour tout vous tenir. — Autrefois même, je m'en serais contenté ; mais j'ai voulu le voir sourire... rien de plus.

LAURETTE.

Ceci est encore une théorie.

LE PRINCE.

Un rêve, comme tout au monde.

Il l'embrasse.

Qu'avez-vous donc là ? C'est un bijou vénitien. Si nous sommes en paix, il est inutile ; si nous sommes en guerre, je désarme l'ennemi.

Il lui ôte son stylet.

Quant à ce petit papier parfumé qui se cache sous cette gaze, le mari le respectera. Mais la princesse d'Eysenach rougit.

LAURETTE.

Prince !

LE PRINCE.

Êtes-vous étonnée de me voir sourire ? — J'ai retenu un mot de Shakespeare sur les femmes de cette ville.

SCÈNE II

LAURETTE.

Un mot?

LE PRINCE.

Perfide comme l'onde. Est-il défendu d'aimer à avoir des rivaux?

LAURETTE.

Vous pensez?...

LE PRINCE.

A moins que ce ne soient des rivaux heureux, et celui-ci ne l'est pas.

LAURETTE.

Pourquoi?

LE PRINCE.

Parce qu'il écrit.

LAURETTE.

C'est à mon tour de sourire, quoiqu'il y ait ici un grain de mépris.

LE PRINCE.

Mépris pour les femmes? Il n'y a que les sots qui le croient possible.

LAURETTE.

Qu'en aimez-vous donc?

LE PRINCE.

Tout, et surtout leurs défauts.

LAURETTE.

Ainsi, le mot de Shakespeare...

LE PRINCE.

Je le voudrais pour réponse au billet.

LAURETTE.

Et que dirait-on?

LE PRINCE.

Ceci est une pensée française, et ce n'est pas de vous que j'en attendais...

LAURETTE.

Insultez-vous la France? Vous parliez de beauté et d'esprit. Le premier des biens...

LE PRINCE.

C'est le cœur. L'esprit et la beauté n'en sont que les voiles.

LAURETTE.

Ah! qui sait ce que voit celui qui les soulève? C'est une audace!

LE PRINCE.

Il n'y en a plus après la noce... Vous tremblez encore?

LAURETTE.

J'ai cru entendre du bruit.

LE PRINCE.

Au fait, nous sommes presque dans un jardin; si vous ne teniez pas à ce sofa...

LAURETTE.

Non...

Ils se lèvent; le prince veut l'entraîner.

LE PRINCE.

Est-ce de l'époux ou de l'amant que vous avez peur?

LAURETTE.

C'est de la nuit.

LE PRINCE.

Elle est perfide aussi, mais elle est discrète. Qu'oseriez-vous lui confier?... La réponse au billet?

LAURETTE.

Qu'en dirait-elle?

LE PRINCE.

Elle n'en laissera rien voir à l'époux.

Elle lui donne le billet ; il le déchire.

Ne la craignez pas, Laurette. Le secret d'une jeune fiancée est fait pour la nuit : elle seule renferme les deux grands secrets du bonheur, le plaisir et l'oubli.

LAURETTE.

Mais le chagrin?

LE PRINCE.

C'est la réflexion ; et il est si facile de la perdre !

LAURETTE.

Est-ce aussi un secret?

Ils s'éloignent ; onze heures sonnent.

SCÈNE III

La même décoration qu'à la première scène. On entend l'heure sonner dans l'éloignement.

RAZETTA.

Je ne puis me défendre d'une certaine crainte. Serait-il possible que Laurette m'eût manqué de parole? Malheur à elle, s'il était vrai! Non pas que je doive porter la main sur elle... mais mon rival!... Il me semble que deux horloges ont déjà sonné onze heures... Est-ce le temps d'agir? Il faut que j'entre dans ces jardins. — J'aperçois une grille fermée. — O rage! me serait-il impossible de pénétrer? Au risque de ma vie, je suis déterminé à ne pas abandonner mon dessein.

L'heure est passée... Rien ne doit me retenir... Mais par où entrer? — Appellerai-je? Tenterai-je de gravir cette muraille élevée? — Suis-je trahi? réellement trahi? Laurette... Si j'apercevais un valet, peut-être avec de l'or... — Je ne vois aucune lumière... Le repos semble régner dans cette maison. — Désespoir! Ne pourrai-je même jouer ma vie? ne pourrai-je tenter même le plus désespéré de tous les partis?

On entend une symphonie; une gondole chargée de musiciens passe.

UNE VOIX DE FEMME.

Voilà encore Razetta.

UNE AUTRE.

Je l'avais parié !

UN JEUNE HOMME.

Eh bien! la noce était-elle jolie? As-tu fait valser la mariée? Quand ta garde sera-t-elle relevée? Tu mets sûrement le mot d'ordre en musique?

RAZETTA.

Allez-vous-en à vos plaisirs et laissez-moi.

UNE VOIX DE FEMME.

Non; cette fois j'ai gagé que je t'emmènerais; allons, viens, mauvaise tête, et ne trouble le plaisir de personne. Chacun son tour : c'était hier le tien, aujourd'hui tu es passé de mode; celui qui ne sait pas se conformer à son sort est aussi fou qu'un vieillard qui fait le jeune homme.

UNE AUTRE.

Venez, Razetta, nous sommes vos véritables amis, et nous ne désespérons pas de vous faire oublier la belle Laurette. Nous n'aurons pour cela qu'à vous rappeler ce que vous disiez vous-même il y a quelques jours, ce que vous nous avez appris. — Ne perdez pas ce nom glorieux que vous portiez du premier mauvais sujet de la ville.

LE JEUNE HOMME.

De l'Italie! Viens, nous allons souper chez Camilla; tu y retrouveras ta jeunesse tout entière, tes anciens amis, tes anciens défauts, ta gaieté. —

Veux-tu tuer ton rival, ou te noyer? Laisse ces idées communes au vulgaire des amants; souviens-toi de toi-même, et ne donne pas le mauvais exemple. Demain matin, les femmes seront inabordables si on apprend cette nuit que Razetta s'est noyé. Encore une fois, viens souper avec nous.

RAZETTA.

C'est dit. Puissent toutes les folies des amants finir aussi joyeusement que la mienne!

Il monte dans la barque, qui disparaît au bruit des instruments.

ANDRÉ DEL SARTO

DRAME EN TROIS ACTES

Publié en 1833, représenté en 1849

PERSONNAGES

ANDRÉ.
CORDIANI,
LIONEL, } peintres, élèves d'André.
DAMIEN,
GRÉMIO, concierge.
MONTJOIE, gentilhomme français.
MATHURIN,
JEAN, } domestiques.
PAOLO.
CÉSARIO, élève d'André.
LUCRETIA DEL FEDE, femme d'André.
SPINETTE, suivante.
PEINTRES, VALETS, Etc.
UN MÉDECIN.

La scène est à Florence.

ANDRÉ DEL SARTO
(Acte III, Scène I.)

ANDRÉ DEL SARTO

ACTE PREMIER

SCÈNE PREMIÈRE

La maison d'André. — Une cour, un jardin au fond.

GRÉMIO, sortant de la maison du concierge.

Il me semble, en vérité, que j'entends marcher dans la cour : à quatre heures du matin, c'est singulier. Hum! hum! que veut dire cela?

Il avance; un homme enveloppé d'un manteau descend d'une fenêtre du rez-de-chaussée.

GRÉMIO.

De la fenêtre de madame Lucrèce? Arrête, qui que tu sois!

L'HOMME.

Laisse-moi passer, ou je te tue!

Il le frappe et s'enfuit dans le jardin.

GRÉMIO, seul.

Au meurtre! au voleur! Jean, au secours!

DAMIEN, sortant en robe de chambre.

Qu'est-ce? qu'as-tu à crier, Grémio?

GRÉMIO.

Il y a un voleur dans le jardin.

DAMIEN.

Vieux fou! tu te seras grisé.

GRÉMIO.

De la fenêtre de madame Lucrèce, de sa propre fenêtre, je l'ai vu descendre. Ah! je suis blessé! il m'a frappé au bras de son stylet.

DAMIEN.

Tu veux rire! ton manteau est à peine déchiré. Quel conte viens-tu faire, Grémio? Qui diable veux-tu avoir vu descendre de la fenêtre de Lucrèce, à cette heure-ci? Sais-tu, sot que tu es, qu'il ne ferait pas bon l'aller redire à son mari?

GRÉMIO.

Je l'ai vu comme je vous vois.

DAMIEN.

Tu as bu, Grémio; tu vois double.

GRÉMIO.

Double! je n'en ai vu qu'un.

DAMIEN.

Pourquoi réveilles-tu une maison entière avant le lever du soleil? et une maison comme celle-ci, pleine de jeunes gens, de valets! T'a-t-on payé pour imaginer ce mauvais roman sur le compte de la femme de mon meilleur ami? Tu cries au voleur, et tu prétends qu'on a sauté par sa fenêtre? Es-tu fou ou es-tu payé? Dis, réponds : que je t'entende.

GRÉMIO.

Mon Dieu! mon Seigneur Jésus! je l'ai vu; en vérité de Dieu, je l'ai vu. Que vous ai-je fait? je l'ai vu.

DAMIEN.

Écoute, Grémio. Prends cette bourse, elle peut être moins lourde que celle qu'on t'a donnée pour inventer cette histoire-là. Va-t'en boire à ma santé. Tu sais que je suis l'ami de ton maître, n'est-ce pas? Je ne suis pas un voleur, moi; je ne suis pas de moitié dans le vol qu'on lui ferait? Tu me connais depuis dix ans comme je connais André. Eh bien! Grémio, pas un mot là-dessus. Bois à ma santé; pas un mot, entends-tu? ou je te fais chasser de la maison. Va, Grémio, rentre chez toi, mon vieux camarade. Que tout cela soit oublié.

GRÉMIO.

Je l'ai vu, mon Dieu! sur ma tête, sur celle de mon père, je l'ai vu, vu, bien vu.

Il rentre.

DAMIEN, s'avançant seul vers le jardin et appelant.

Cordiani! Cordiani!

Cordiani paraît.

DAMIEN.

Insensé! en es-tu venu là? André, ton ami, le mien, le bon, le pauvre André!

CORDIANI.

Elle m'aime, ô Damien, elle m'aime! Que vas-tu me dire? Je suis heureux. Regarde-moi, elle m'aime! Je cours dans ce jardin depuis hier; je me suis jeté dans les herbes humides; j'ai frappé les statues et les arbres, et j'ai couvert de baisers terribles les gazons qu'elle avait foulés.

DAMIEN.

Et cet homme qui te surprend! A quoi penses-tu? Et André! André, Cordiani!

CORDIANI.

Que sais-je? je puis être coupable, tu peux avoir raison; nous en parlerons demain, un jour, plus tard; laisse-moi être heureux. Je me trompe peut-être, elle ne m'aime peut-être pas; un caprice, oui, un caprice seulement, et rien de plus; mais laisse-moi être heureux.

DAMIEN.

Rien de plus? et tu brises comme une paille un lien de vingt-cinq années? et tu sors de cette chambre? Tu peux être coupable? et les rideaux qui se sont refermés sur toi sont encore agités autour d'elle? et l'homme qui te voit sortir crie au meurtre?

CORDIANI.

Ah! mon ami, que cette femme est belle!

DAMIEN.

Insensé ! insensé !

CORDIANI.

Si tu savais quelle région j'habite ! comme le son de sa voix seulement fait bouillonner en moi une vie nouvelle ! comme les larmes lui viennent aux yeux au-devant de tout ce qui est beau, tendre et pur comme elle ! O mon Dieu ! c'est un autel sublime que le bonheur. Puisse la joie de mon âme monter à toi comme un doux encens ! Damien, les poètes se sont trompés : est-ce l'esprit du mal qui est l'ange déchu ? C'est celui de l'amour, qui, après le grand œuvre, ne voulut pas quitter la terre, et, tandis que ses frères remontaient au ciel, laissa tomber ses ailes d'or en poudre aux pieds de la beauté qu'il avait créée.

DAMIEN.

Je te parlerai dans un autre moment. Le soleil se lève ; dans une heure, quelqu'un viendra s'asseoir aussi sur ce banc, il posera comme toi ses mains sur son visage, et ce ne sont pas des larmes de joie qu'il cachera. A quoi penses-tu ?

CORDIANI.

Je pense au coin obscur d'une certaine taverne où je me suis assis tant de fois, regrettant ma journée. Je pense à Florence qui s'éveille, aux promenades, aux passants qui se croisent, au monde, où j'ai erré vingt ans comme un spectre sans sépulture, à ces rues désertes où je me plongeais au sein des nuits, poussé par quelque dessein sinistre; je pense à mes travaux, à mes jours de découragement; j'ouvre les bras, et je vois passer les fantômes des femmes que j'ai possédées, mes plaisirs, mes peines, mes espérances! Ah! mon ami, comme tout est foudroyé, comme tout ce qui fermentait en moi s'est réuni en une seule pensée : l'aimer! C'est ainsi que mille insectes épars dans la poussière viennent se réunir dans un rayon de soleil.

DAMIEN.

Que veux-tu que je te dise, et de quoi servent les paroles après l'action? Un amour comme le tien n'a pas d'ami.

CORDIANI.

Qu'ai-je eu dans le cœur jusqu'à présent? Dieu merci, je n'ai pas cherché la science; je n'ai voulu d'aucun état, je n'ai jamais donné un centre aux cercles gigantesques de la pensée; je n'y ai laissé entrer que l'amour des arts, qui est l'encens de l'autel, mais qui n'en est pas le dieu. J'ai vécu de mon pinceau, de mon travail; mais mon travail n'a nourri que mon corps : mon âme a gardé sa faim céleste. J'ai posé sur le seuil de mon cœur le fouet dont Jésus-Christ flagella les vendeurs du temple. Dieu merci, je n'ai jamais aimé; mon cœur n'était à rien jusqu'à ce qu'il fût à elle.

DAMIEN.

Comment exprimer tout ce qui se passe dans

mon âme? Je te vois heureux. Ne m'es-tu pas aussi cher que lui?

CORDIANI.

Et maintenant qu'elle est à moi, maintenant qu'assis à ma table je laisse couler comme de douces larmes les vers insensés qui lui parlent de mon amour, et que je crois sentir derrière moi un fantôme charmant s'incliner sur mon épaule pour les lire, maintenant que j'ai un nom sur les lèvres, ô mon ami, quel est l'homme ici-bas qui n'a pas vu apparaître cent fois, mille fois, dans ses rêves, un être adoré, fait pour lui, devant vivre pour lui? Eh bien! quand un seul jour au monde on devrait rencontrer cet être, le serrer dans ses bras et mourir?

DAMIEN.

Tout ce que je puis te répondre, Cordiani, c'est que ton bonheur m'épouvante. Qu'André l'ignore, voilà l'important.

CORDIANI.

Que veut dire cela? Crois-tu que je l'aie séduite? qu'elle ait réfléchi et que j'aie réfléchi? Depuis un an que je la vois tous les jours, je lui parle, et elle me répond; je fais un geste, et elle me comprend. Elle se met au clavecin, elle chante, et moi, les lèvres entr'ouvertes, je regarde une longue larme tomber en silence sur ses bras nus. Et de quel droit ne serait-elle pas à moi?

DAMIEN.

De quel droit?

CORDIANI.

Silence! j'aime et je suis aimé. Je ne veux rien analyser, rien savoir; il n'y a d'heureux que les enfants qui cueillent un fruit et le portent à leurs lèvres sans penser à autre chose, sinon qu'ils l'aiment et qu'il est à portée de leurs mains.

DAMIEN.

Ah! si tu étais là, à cette place où je suis, et si tu te jugeais toi-même! Que dira demain l'homme à l'enfant?

CORDIANI.

Non! non! Est-ce d'une orgie que je sors, pour que l'air du matin me frappe au visage? L'ivresse de l'amour est-elle une débauche, pour s'évanouir avec la nuit? Toi que voilà, Damien, depuis combien de temps m'as-tu vu l'aimer? Qu'as-tu à dire à présent, toi qui es resté muet, toi qui as vu pendant une année chaque battement de mon cœur, chaque minute de ma vie se détacher de moi pour s'unir à elle? Et je suis coupable aujourd'hui? Alors pourquoi suis-je heureux? Et que me diras-tu d'ailleurs que je ne me sois dit cent fois à moi-même? Suis-je un libertin sans cœur? suis-je un athée? Ai-je jamais parlé avec mépris de tous ces mots sacrés, qui, depuis que le monde existe, errent vainement sur les lèvres des hommes? Tous les reproches imaginables, je me les suis adressés, et cependant je suis heureux. Le remords, la vengeance hideuse, la triste et muette douleur, tous ces spectres terribles sont venus se présenter au seuil de ma porte; aucun n'a pu rester debout devant l'amour de Lucrèce. Silence! on ouvre les portes; viens avec moi dans mon atelier. Là, dans une chambre fermée à tous les yeux, j'ai taillé dans le marbre le plus pur l'image adorée de ma maîtresse. Je veux te répondre devant elle; viens, sortons; la cour s'emplit de monde, et l'académie va s'ouvrir.

Ils sortent. — Les peintres traversent la cour en tous sens. Lionel et Césario s'avancent.

LIONEL.

Le maître est-il levé?

CÉSARIO, chantant.

Il se levait de bon matin
   Pour se mettre à l'ouvrage;
   Tin taine, tin tin.
Le bon gros père Célestin,
Il se levait de bon matin,
   Comme un coq de village.

LIONEL.

Que d'écoliers autrefois dans cette académie! comme on se disputait pour l'un, pour l'autre! quel événement que l'apparition d'un nouveau tableau! Sous Michel-Ange, les écoles étaient de vrais champs de bataille; aujourd'hui elles se remplissent à peine, lentement, de jeunes gens silencieux. On travaille pour vivre, et les arts deviennent des métiers.

CÉSARIO.

C'est ainsi que tout passe sous le soleil. Moi, Michel-Ange m'ennuyait; je suis bien aise qu'il soit mort.

LIONEL.

Quel génie que le sien!

CÉSARIO.

Eh bien! oui, c'est un homme de génie; qu'il nous laisse tranquilles. As-tu vu le tableau de Pontormo?

LIONEL.

Et j'y ai vu le siècle tout entier; un homme incertain entre mille chemins divers, la caricature des grands maîtres; se noyant dans son propre enthousiasme, capable de se retenir, pour s'en tirer, au manteau gothique d'Albert Dürer.

CÉSARIO.

Vive le gothique! Si les arts se meurent, l'antiquité ne rajeunira rien. *Tra deri da!* Il nous faut du nouveau.

ANDRÉ DEL SARTO, entrant et parlant à un valet.

Dites à Grémio de seller deux chevaux, un pour lui et un pour moi. Nous allons à la ferme.

CÉSARIO, continuant.

Du nouveau à tout prix, du nouveau! Eh bien! maître, quoi de nouveau ce matin?

ANDRÉ.

Toujours gai, Césario? Tout est nouveau aujourd'hui, mon enfant; la verdure, le soleil et les fleurs, tout sera encore nouveau demain. Il n'y a que l'homme qui se fasse plus vieux, tout se fait plus jeune autour de lui chaque jour. Bonjour, Lionel; levé de si bonne heure, mon vieil ami?

CÉSARIO.

Alors les jeunes peintres ont donc raison de demander du neuf, puisque la nature elle-même en veut pour elle et en donne à tous.

LIONEL.

Songes-tu à qui tu parles?

ANDRÉ.

Ah! ah! déjà en train de discuter? La discussion, mes bons amis, est une terre stérile, croyez-moi; c'est elle qui tue tout. Moins de préfaces et plus de livres. Vous êtes peintres, mes enfants; que votre bouche soit muette, et que votre main droite parle pour vous. Écoute-moi cependant, Césario. La nature veut toujours être nouvelle, c'est vrai, mais elle reste toujours la même. Es-tu de ceux qui souhaiteraient qu'elle changeât la couleur de sa robe, et que les bois se colorassent en bleu ou en rouge? Ce n'est pas ainsi qu'elle l'entend: à côté d'une fleur fanée naît une fleur toute semblable, et des milliers de familles se reconnaissent sous la rosée aux premiers rayons du soleil. Chaque matin, l'ange de la vie et de la mort apporte à la mère commune une nouvelle parure, mais toutes ses parures se ressemblent. Que les arts tâchent de faire comme elle, puisqu'ils ne sont rien qu'en l'imitant. Que chaque siècle voie de nouvelles mœurs, de nouveaux costumes, de nouvelles pensées, mais que le génie soit invariable comme la beauté. Que de jeunes mains, pleines de force et de vie, reçoivent avec respect le flambeau sacré des mains tremblantes des vieillards ; qu'ils la protègent du souffle des vents, cette flamme divine qui traversera les siècles futurs, comme elle a fait des siècles passés. Retiendras-tu cela, Césario ? Et maintenant, va travailler ; à l'ouvrage ! à l'ouvrage ! la vie est si courte !

Il le pousse dans l'atelier.

A Lionel.

Nous vieillissons, mon pauvre ami. La jeunesse ne veut plus guère de nous. Je ne sais si c'est que le siècle est un nouveau-né, ou un vieillard tombé en enfance.

LIONEL.

Mort de Dieu ! il ne faut pas que vos nouveaux venus m'échauffent par trop les oreilles ! Je finirai par garder mon épée pour travailler.

ANDRÉ.

Te voilà bien avec tes coups de rapière, brave Lionel ! On ne tue aujourd'hui que les moribonds ; le temps des épées est passé en Italie. Allons, allons, mon vieux, laisse dire les bavards, et tâchons d'être de notre temps, jusqu'à ce qu'on nous enterre.

Damien entre.

Eh bien! mon cher Damien, Cordiani vient-il aujourd'hui?

DAMIEN.

Je ne crois pas qu'il vienne, il est malade.

ANDRÉ.

Malade, lui! Je l'ai vu hier soir, il ne l'était point. Sérieusement malade? Allons chez lui, Damien. Que peut-il avoir?

DAMIEN.

N'allez pas chez lui, il ne saurait vous recevoir : il s'est enfermé pour la journée.

ANDRÉ.

Oh! non pas pour moi. Allons, Damien.

DAMIEN.

Sérieusement, il veut être seul.

ANDRÉ.

Seul! et malade! tu m'effrayes. Lui est-il arrivé quelque chose? une dispute? un duel? violent comme il est! Ah! mon Dieu! mais qu'est-ce donc? il ne m'a rien fait dire; il est blessé, n'est-ce pas? Pardonnez-moi, mes amis...

Aux peintres, qui sont restés et qui l'attendent.

Mais, vous le savez, c'est mon ami d'enfance, c'est mon meilleur, mon plus fidèle compagnon.

DAMIEN.

Rassurez-vous; il ne lui est rien arrivé. Une

fièvre légère ; demain vous le verrez bien portant.

ANDRÉ.

Dieu le veuille ! Dieu le veuille ! Ah ! que de prières j'ai adressées au Ciel pour la conservation d'une vie aussi chère ! Vous le dirai-je, ô mes amis ! dans ces temps de décadence où la mort de Michel-Ange nous a laissés, c'est en lui que j'ai mis mon espoir : c'est un cœur chaud, et un bon cœur. La Providence ne laisse pas s'égarer de telles facultés ! Que de fois, assis derrière lui, tandis qu'il parcourait du haut en bas son échelle, une palette à la main, j'ai senti se gonfler ma poitrine, j'ai étendu les bras, prêt à le serrer sur mon cœur, à baiser ce front si jeune et si ouvert, d'où le génie rayonnait de toutes parts ! Quelle facilité ! quel enthousiasme ! mais quel sévère et cordial amour de la vérité ! Que de fois j'ai pensé avec délices qu'il était plus jeune que moi ! Je regardais tristement mes pauvres ouvrages, et je m'adressais en moi-même aux siècles futurs : Voilà tout ce que j'ai pu faire, leur disais-je, mais je vous lègue mon ami.

LIONEL.

Maître, un homme est là qui vous appelle.

ANDRÉ.

Qu'est-ce ? qu'y a-t-il ?

UN DOMESTIQUE.

Les chevaux sont sellés ; Grémio est prêt, Monseigneur.

ANDRÉ.

Allons, je vous dis adieu; je serai à l'atelier dans deux heures. Mais il n'a rien?

A Damien.

Rien de grave, n'est-ce pas? Et nous le verrons demain? Viens donc souper avec nous; et, si tu vois Lucrèce, dis-lui que je vais à la ferme et que je reviens.

Il sort.

SCÈNE II

Un petit bois. — André, dans l'éloignement.

GRÉMIO, assis sur l'herbe.

Hum! hum! je l'ai bien vu pourtant. Quel intérêt pouvait-il avoir à me dire le contraire? Il faut cependant qu'il en ait un, puisqu'il m'a donné...

Il compte dans sa main.

Quatre, cinq, six... diable! il y a quelque chose là-dessous. Non, certainement, pour un voleur, ce n'en était pas un. J'avais bien eu une autre idée; mais... oh! mais c'est là qu'il faut s'arrêter. Tais-toi, me suis-je dit, Grémio; holà! mon vieux, point de ceci. Cela serait drôle à penser! penser n'est rien! qu'est-ce qu'on en voit? on pense ce qu'on veut.

Il chante.

> Le berger dit au ruisseau :
> Tu vas bien vite au moulin.
> As-tu vu, as-tu vu la meunière
> Se mirer dans tes eaux?

ANDRÉ, revenant.

Grémio, va remettre les brides à ces pauvres bêtes. Il faut reprendre notre voyage; le soleil commence à baisser, nous aurons moins chaud pour revenir.

Grémio sort.

ANDRÉ, seul, s'asseyant.

Point d'argent chez ce juif! des supplications sans fin, et point d'argent! Que dirai-je quand les envoyés du roi de France... Ah! André, pauvre André, comment peux-tu prononcer ce mot-là? Des monceaux d'or entre tes mains : la plus belle mission qu'un roi ait jamais confiée à un homme; cent chefs-d'œuvre à rapporter, cent artistes pauvres et souffrants à guérir, à enrichir! le rôle d'un bon ange à jouer! les bénédictions de la patrie à recevoir, et, après tout cela, avoir peuplé un palais d'ouvrages magnifiques, et rallumé le feu sacré des arts, prêt à s'éteindre à Florence! André! comme tu te serais mis à genoux de bon cœur au chevet de ton lit le jour où tu aurais rendu fidèlement tes comptes! Et c'est François Ier qui te les demande! lui, le chevalier sans reproche, l'honnête homme, aussi bien que l'homme généreux! lui, le protecteur des arts! le père d'un siècle aussi beau que l'antiquité! Il s'est fié à toi, et tu l'as trompé! Tu l'as volé, André! car cela s'appelle ainsi, ne t'abuse pas là-dessus. Où est passé cet argent? Des bijoux pour ta femme, des fêtes, des plaisirs plus tristes que l'ennui!

Il se lève.

Songes-tu à cela, André? tu es déshonoré! Aujourd'hui te voilà respecté, chéri de tes élèves, aimé d'un ange. O Lucrèce! Lucrèce! Demain la fable de Florence, car enfin il faut bien que tôt ou tard ces comptes terribles... Enfer! et ma femme elle-même n'en sait rien! Ah! voilà ce que c'est que de manquer de caractère! Que faisait-elle de mal en me demandant ce qui lui plaisait? Et moi je le lui donnais parce qu'elle le demandait, rien de plus : faiblesse maudite! pas une réflexion. A quoi tient donc l'honneur? Et Cordiani? pourquoi ne l'ai-je pas consulté, lui, mon meilleur, mon unique ami? Que dira-t-il? L'honneur?... ne suis-je pas un honnête homme? j'ai fait un vol cependant. Ah! s'il s'agissait d'entrer la nuit chez un grand seigneur, de briser un coffre-fort et de s'enfuir : cela est horrible à penser, impossible. Mais quand l'argent est là, entre vos mains, qu'on n'a qu'à y puiser, que la pauvreté vous talonne, non pas pour vous, mais pour Lucrèce! mon seul bien ici-bas, ma seule joie, un amour de dix ans! et quand on se dit qu'après tout, avec un peu de travail, on pourra remplacer... Oui, remplacer! le portique de l'Annonciade m'a valu un sac de blé!

GRÉMIO, revenant.

Voilà qui est fait. Nous partirons quand vous voudrez.

ANDRÉ.

Qu'as-tu donc, Grémio? Je te regardais arranger ces brides : tu te sers aujourd'hui de ta main gauche.

GRÉMIO.

De ma main?... Ah! ah! je sais ce que c'est. Plaise à Votre Excellence, j'ai le bras droit un peu blessé. Oh! pas grand' chose; mais je me fais vieux, et dame! dans mon temps... j'aurais dit...

ANDRÉ.

Tu es blessé, dis-tu? Qui t'a blessé?

GRÉMIO.

Ah! voilà le difficile. Qui? Personne; et cependant je suis blessé. Oh! ce n'est pas à dire qu'on puisse se plaindre, en conscience...

ANDRÉ.

Personne? toi-même apparemment?

GRÉMIO.

Non pas, non pas; où serait le fin sans cela? Personne, et moi moins que tout autre.

ANDRÉ.

Si tu veux rire, tu prends mal ton temps. Remontons à cheval, et partons.

GRÉMIO.

Ainsi soit-il. Ce que j'en disais n'était point pour vous fâcher, encore moins pour rire. Aussi bien riait-il fort peu ce matin, quand il me l'a donné en courant.

ANDRÉ.

Qui? que veut dire cela? qui te l'a donné? Tu as un air de mystère singulier, Grémio.

GRÉMIO.

Ma foi, au fait, écoutez. Vous êtes mon maître; on aura beau dire, cela doit se savoir; et qui le saurait, si ce n'est vous? Voilà l'histoire : j'avais entendu marcher ce matin dans la cour vers quatre heures; je me suis levé, et j'ai vu descendre tout doucement de la fenêtre un homme en manteau.

ANDRÉ.

De quelle fenêtre?

GRÉMIO.

Un homme en manteau, à qui j'ai crié d'arrêter; j'ai cru naturellement que c'était un voleur; et donc, au lieu de s'arrêter, vous voyez à mon bras : c'est son stylet qui m'a effleuré.

ANDRÉ.

De quelle fenêtre, Grémio?

GRÉMIO.

Ah! voilà encore : dame! écoutez, puisque j'ai

commencé; c'était de la fenêtre de madame Lucrèce.

ANDRÉ.

De Lucrèce?

GRÉMIO.

Oui, Monsieur.

ANDRÉ.

Cela est singulier.

GRÉMIO.

Bref, il s'est enfui dans le parc. J'ai bien appelé et crié au voleur! mais là-dessus voilà le fin : monsieur Damien est arrivé, qui m'a dit que je me trompais, que lui le savait mieux que moi; enfin il m'a donné une bourse pour me taire.

ANDRÉ.

Damien?

GRÉMIO.

Oui, Monsieur, la voilà. A telle enseigne...

ANDRÉ.

De la fenêtre de Lucrèce? Damien l'avait donc vu, cet homme?

GRÉMIO.

Non, Monsieur, il est sorti comme j'appelais.

ANDRÉ.

Comment était-il?

GRÉMIO.

Qui? monsieur Damien?

ANDRÉ.

Non, l'autre.

GRÉMIO.

Oh! ma foi, je ne l'ai guère vu.

ANDRÉ.

Grand, ou petit?

GRÉMIO.

Ni l'un ni l'autre. Et puis, le matin, ma foi!...

ANDRÉ.

Cela est étrange. Et Damien t'a défendu d'en parler?

GRÉMIO.

Sous peine d'être chassé par vous.

ANDRÉ.

Par moi? Écoute, Grémio : ce soir, à l'heure où je me retire, tu te mettras sous cette fenêtre, mais caché, tu entends? Prends ton épée, et si par hasard quelqu'un essayait... tu me comprends? Appelle à haute voix, ne te laisse pas intimider, je serai là.

GRÉMIO.

Oui, Monsieur.

ANDRÉ.

J'en chargerais bien un autre que toi; mais vois-tu, Grémio, je crois savoir ce que c'est : c'est de peu d'importance, vois-tu; une bagatelle, quelque plaisanterie de jeune homme. As-tu vu la couleur du manteau?

GRÉMIO.

Noir, noir; oui, je crois, du moins.

ANDRÉ.

J'en parlerai à Cordiani. Ainsi donc, c'est convenu ; ce soir vers onze heures, minuit : n'aie aucune peur ; je te le dis, c'est une pure plaisanterie. Tu as très bien fait de me le dire, et je ne voudrais pas qu'un autre que toi le sût ; c'est pour cela que je te charge... — Et tu n'as pas vu son visage ?

GRÉMIO.

Si ; mais il s'est sauvé si vite ! et puis le coup de stylet...

ANDRÉ.

Il n'a pas parlé ?

GRÉMIO.

Quelques mots, quelques mots.

ANDRÉ.

Tu ne connais pas la voix ?

GRÉMIO.

Peut-être ; je ne sais pas. Tout cela a été l'affaire d'un instant.

ANDRÉ.

C'est incroyable ! Allons, viens ; partons vite. Vers onze heures. Il faudra que j'en parle à Cordiani. Tu es sûr de la fenêtre ?

GRÉMIO.

Oh ! très sûr.

ANDRÉ.

Partons ! partons !

Ils sortent.

SCÈNE III

LUCRÈCE, SPINETTE.

LUCRÈCE.

As-tu entr'ouvert la porte, Spinette? as-tu posé la lampe dans l'escalier?

SPINETTE.

J'ai fait tout ce que vous m'aviez ordonné.

LUCRÈCE.

Tu mettras sur cette chaise mes vêtements de nuit, et tu me laisseras seule, ma chère enfant.

SPINETTE.

Oui, Madame.

LUCRÈCE, à son prie-Dieu.

Pourquoi m'as-tu chargée du bonheur d'un autre, ô mon Dieu? S'il ne s'était agi que du mien, je ne l'aurais pas défendu, je ne t'aurais pas disputé ma vie. Pourquoi m'as-tu confié la sienne?

SPINETTE.

Ne cesserez-vous pas, ma chère maîtresse, de prier et de pleurer ainsi? Vos yeux sont gonflés de larmes, et depuis deux jours vous n'avez pas pris un moment de repos.

LUCRÈCE, priant.

L'ai-je accomplie, ta fatale mission? ai-je sauvé son âme en me perdant pour lui? Si tes bras sanglants n'étaient pas cloués sur ce crucifix, ô Christ! me les ouvrirais-tu?

SPINETTE.

Je ne puis me retirer. Comment vous laisser seule dans l'état où je vous vois?

LUCRÈCE.

Le puniras-tu de ma faute? Ce n'est pas lui qui est coupable; il n'a prononcé aucun serment sur la terre; il n'a pas trahi son épouse; il n'a point de devoirs, point de famille; il n'a rien fait qu'aimer et qu'être aimé.

SPINETTE.

Onze heures vont sonner.

LUCRÈCE.

Ah! Spinette, ne m'abandonne pas! mes larmes t'affligent, mon enfant? Il faut pourtant bien qu'elles coulent. Crois-tu qu'on perde sans souffrir tout son repos et son bonheur? Toi qui lis dans mon cœur comme dans le tien, toi pour qui ma vie est un livre ouvert dont tu connais toutes les pages, crois-tu qu'on puisse voir s'envoler sans regret dix ans d'innocence et de tranquillité?

SPINETTE.

Que je vous plains!

LUCRÈCE.

Détache ma robe, onze heures sonnent. De l'eau, que je m'essuie les yeux; il va venir, Spinette! Mes cheveux sont-ils en désordre? Ne suis-je point pâle? Insensée que je suis d'avoir pleuré! Ma guitare! place devant moi cette romance; elle est de lui. Il vient, il vient, ma chère! Suis-je belle ce soir? lui plairai-je ainsi?

UNE SERVANTE, entrant.

Monseigneur André vient de passer dans l'appartement; il demande si l'on peut entrer chez vous.

ANDRÉ, entrant.

Bonsoir, Lucrèce, vous ne m'attendiez pas à cette heure, n'est-il pas vrai? Que je ne vous importune pas, c'est tout ce que je désire. De grâce, dites-moi, alliez-vous renvoyer vos femmes? j'attendrai, pour vous voir, le moment du souper.

LUCRÈCE.

Non, pas encore, non, en vérité!

ANDRÉ.

Les moments que nous passons ensemble sont si rares! et ils me sont si chers! Vous seule au monde, Lucrèce, me consolez de tous les chagrins qui m'obsèdent. Ah! si je vous perdais! Tout mon courage, toute ma philosophie est dans vos yeux.

Il s'approche de la fenêtre et soulève le rideau.

A part.

Grémio est en bas, je l'aperçois.

LUCRÈCE.

Avez-vous quelque sujet de tristesse, mon ami? Vous étiez gai à dîner, il m'a semblé.

ANDRÉ.

La gaieté est quelquefois triste, et la mélancolie a le sourire sur les lèvres.

LUCRÈCE.

Vous êtes allé à la ferme? A propos, il y a une lettre pour vous; les envoyés du roi de France doivent venir demain.

ANDRÉ.

Demain? Ils viennent demain?

LUCRÈCE.

L'apprenez-vous comme une fâcheuse nouvelle? Alors on pourrait vous dire éloigné de Florence, malade; en tout cas, ils ne vous verraient pas.

ANDRÉ.

Pourquoi? je les recevrai avec plaisir; ne suis-je pas prêt à rendre mes comptes? Dites-moi, Lucrèce, cette maison vous plaît-elle? Êtes-vous invitée? L'hiver vous paraît-il agréable cette année? Que ferons-nous? Vos nouvelles parures vont-elles bien?

On entend un cri étouffé dans le jardin et des pas précipités.

Que veut dire ce bruit? qu'y a-t-il?

Cordiani, dans le plus grand désordre, entre dans la chambre.

Qu'as-tu, Cordiani? qui t'amène? Que signifie ce désordre? Que t'est-il arrivé? tu es pâle comme la mort!

LUCRÈCE.

Ah! je suis morte!

ANDRÉ.

Réponds-moi, qui t'amène à cette heure? As-tu une querelle? faut-il te servir de second? As-tu perdu au jeu? veux-tu ma bourse?

Il lui prend la main.

Au nom du Ciel, parle! tu es comme une statue.

CORDIANI.

Non... non... je venais te parler... te dire... en vérité, je venais... je ne sais...

ANDRÉ.

Qu'as-tu donc fait de ton épée? Par le Ciel! il se passe en toi quelque chose d'étrange. Veux-tu que nous allions dans ce salon? ne peux-tu parler devant ces femmes? A quoi puis-je t'être bon? réponds, il n'y a rien que je ne fasse. Mon ami, mon cher ami, doutes-tu de moi?

CORDIANI.

Tu l'as deviné, j'ai une querelle. Je ne puis parler ici. Je te cherchais; je suis entré sans savoir pourquoi. On m'a dit que... que tu étais ici, et je venais... Je ne puis parler ici.

LIONEL.

Maître, Grémio est assassiné!

ANDRÉ.

Qui dit cela?

Plusieurs domestiques entrent dans la chambre.

####### UN DOMESTIQUE.

Maître, on vient de tuer Grémio; le meurtrier est dans la maison. On l'a vu entrer par la poterne.

<small>Cordiani se retire dans la foule.</small>

####### ANDRÉ.

Des armes! des armes! prenez ces flambeaux, parcourez toutes les chambres; qu'on ferme la porte en dedans.

####### LIONEL.

Il ne peut être loin; le coup vient d'être fait à l'instant même.

####### ANDRÉ.

Il est mort? mort? Où donc est mon épée? Ah! en voilà une à cette muraille.

<small>Il va prendre une épée. Regardant dans sa main.</small>

Tiens! c'est singulier, ma main est pleine de sang. D'où me vient ce sang?

####### LIONEL.

Viens avec nous, maître; je te réponds de le trouver.

####### ANDRÉ.

D'où me vient ce sang? ma main en est couverte. Qui donc ai-je touché? je n'ai pourtant touché que... tout à l'heure... Éloignez-vous! sortez d'ici!

####### LIONEL.

Qu'as-tu, maître? pourquoi nous éloigner?

ANDRÉ.

Sortez! sortez! laissez-moi seul. C'est bon! qu'on ne fasse aucune recherche, aucune, cela est inutile; je le défends. Sortez d'ici, tous! tous! obéissez quand je vous parle!

Tous se retirent en silence.

ANDRÉ, regardant sa main.

Pleine de sang! je n'ai touché que la main de Cordiani.

ACTE II

SCÈNE PREMIÈRE

Le jardin. — Il est nuit. — Clair de lune.

CORDIANI, UN VALET.

CORDIANI.
Il veut me parler?

LE VALET.
Oui, Monsieur, sans témoins; cet endroit est celui qu'il m'a désigné.

CORDIANI.
Dis-lui donc que je l'attends.

Le valet sort; Cordiani s'assied sur une pierre.

DAMIEN, dans la coulisse.
Cordiani! où est Cordiani?

CORDIANI.
Eh bien! que me veux-tu?

DAMIEN.
Je quitte André; il ne sait rien, ou du moins rien qui te regarde. Il connaît parfaitement, dit-il,

le motif de la mort de Grémio et n'en accuse personne, toi moins que tout autre.

CORDIANI.

Est-ce là ce que tu as à me dire?

DAMIEN.

Oui; c'est à toi de te régler là-dessus.

CORDIANI.

En ce cas, laisse-moi seul.

Il va se rasseoir. — Lionel et Césario passent.

LIONEL.

Conçoit-on rien à cela? Nous renvoyer, ne rien vouloir entendre, laisser sans vengeance un coup pareil! Ce pauvre vieillard qui le sert depuis son enfance, que j'ai vu le bercer sur ses genoux! Ah! mort Dieu! si c'était moi, il y aurait eu d'autre sang de versé que celui-là!

DAMIEN.

Ce n'est pourtant pas un homme comme André qu'on peut accuser de lâcheté.

LIONEL.

Lâcheté ou faiblesse, qu'importe le nom? Quand j'étais jeune, cela ne se passait pas ainsi. Il n'était certes pas bien difficile de trouver l'assassin; et, si l'on ne veut pas se compromettre soi-même, par mon patron! on a des amis.

CÉSARIO.

Quant à moi, je quitte la maison; je suis venu ce matin à l'académie pour la dernière fois : y viendra qui voudra, je vais chez Pontormo.

LIONEL.

Mauvais cœur que tu es! pour tout l'or du monde, je ne voudrais pas changer de maître.

CÉSARIO.

Bah! je ne suis pas le seul; l'atelier est d'une tristesse! Julietta n'y veut plus poser. Et comme on rit chez Pontormo! toute la journée on fait des armes, on boit, on danse. Adieu, Lionel, au revoir.

DAMIEN.

Dans quel temps vivons-nous! Ah! Monsieur, notre pauvre ami est bien à plaindre. Soupez-vous avec nous?

Ils sortent.

CORDIANI, seul.

N'est-ce pas André que j'aperçois là-bas entre ces arbres? Il cherche; le voilà qui approche. Holà, André! par ici!

ANDRÉ, entrant.

Sommes-nous seuls?

CORDIANI.

Seuls.

ANDRÉ.

Vois-tu ce stylet, Cordiani? Si maintenant je t'étendais à terre d'un revers de ma main, et si je t'enterrais au pied de cet arbre, là, dans ce sable où voilà ton ombre, le monde n'aurait rien à me dire : j'en ai le droit, et ta vie m'appartient.

CORDIANI.

Tu peux le faire, ami, tu peux le faire.

ANDRÉ.

Crois-tu que ma main tremblerait? Pas plus que la tienne, il y a une heure, sur la poitrine de mon vieux Grémio. Tu le vois, je le sais, tu me l'as tué. A quoi t'attends-tu à présent? Penses-tu que je sois un lâche, et que je ne sache pas tenir une épée? Es-tu prêt à te battre? n'est-ce pas là ton devoir et le mien?

CORDIANI.

Je ferai ce que tu voudras.

ANDRÉ.

Assieds-toi, et écoute. Je suis né pauvre. Le luxe qui m'environne vient de mauvaise source : c'est un dépôt dont j'ai abusé. Seul, parmi tant de peintres illustres, je survis, jeune encore, au siècle de Michel-Ange, et je vois de jour en jour tout s'écrouler autour de moi. Rome et Venise sont encore florissantes. Notre patrie n'est plus rien. Je lutte en vain contre les ténèbres, le flambeau sacré s'éteint dans ma main. Crois-tu que ce soit peu de chose pour un homme qui a vécu de son art vingt ans que de le voir tomber? Mes ateliers sont déserts, ma réputation est perdue. Je n'ai point d'enfants, point d'espérance qui me rattache à la vie. Ma santé est faible, et le vent de la peste qui souffle de l'orient me fait trembler comme une feuille. Dis-moi, que me reste-t-il au monde? Suppose qu'il m'arrive dans mes nuits d'insomnie de me poser un stylet sur le cœur. Dis-moi, qui a pu me retenir jusqu'à ce jour?

CORDIANI.

N'achève pas, André!

ANDRÉ.

Je l'aimais d'un amour indéfinissable. Pour elle, j'aurais lutté contre une armée; j'aurais bêché la terre et traîné la charrue pour ajouter une perle à ses cheveux. Ce vol que j'ai commis, ce dépôt du roi de France qu'on vient me redemander demain, et que je n'ai plus, c'est pour elle, c'est pour lui donner une année de richesse et de bonheur, pour la voir, une fois dans ma vie, entourée de plaisirs et de fêtes, que j'ai tout dissipé. La vie m'était moins chère que l'honneur, et l'honneur que l'amour de Lucrèce; que dis-je? qu'un sourire de ses lèvres, qu'un rayon de joie dans ses yeux. Ce que tu vois là, Cordiani, cet être souffrant et misérable qui est devant toi, que tu as vu depuis dix ans errer dans ces sombres portiques, ce n'est pas là André del Sarto : c'est un être insensé, exposé au mépris, aux soucis dévorants. Aux pieds de ma belle Lucrèce était un autre André, jeune et heureux, insouciant comme le vent, libre et joyeux comme un oiseau du ciel, l'ange d'André, l'âme de ce corps sans vie qui s'agite au milieu des hommes. Sais-tu maintenant ce que tu as fait?

CORDIANI.

Oui, maintenant.

ANDRÉ.

Celui-là, Cordiani, tu l'as tué; celui-là ira demain au cimetière avec la dépouille du vieux Grémio; l'autre reste, et c'est lui qui te parle ici.

CORDIANI, pleurant.

André! André!

ANDRÉ.

Est-ce sur moi ou sur toi que tu pleures? J'ai une faveur à te demander. Grâce à Dieu, il n'y a point eu d'éclat cette nuit. Grâce à Dieu, j'ai vu la foudre tomber sur mon édifice de vingt ans sans proférer une plainte et sans pousser un cri. Si le déshonneur était public, ou je t'aurais tué, ou nous irions nous battre demain. Pour prix du bonheur, le monde accorde la vengeance, et le droit de se servir de cela (jetant son stylet) doit tout remplacer pour celui qui a tout perdu. Voilà la justice des hommes; encore n'est-il pas sûr, si tu mourais de ma main, que ce ne fût pas toi que l'on plaindrait.

CORDIANI.

Que veux-tu de moi?

ANDRÉ.

Si tu as compris ma pensée, tu sens que je n'ai vu ici ni un crime odieux, ni une sainte amitié foulée aux pieds; je n'y ai vu qu'un coup de ciseau donné au seul lien qui m'unisse à la vie. Je ne veux pas songer à la main dont il est venu. L'homme à qui je parle n'a pas de nom pour moi. Je parle au meurtrier de mon honneur, de mon amour et de mon repos. La blessure qu'il m'a faite peut-elle être guérie ? Une séparation éternelle, un silence de mort (car il doit songer que sa mort a dépendu de moi), de nouveaux efforts de ma part, une nouvelle tentative enfin de ressaisir la vie, peuvent-ils encore me réussir ? En un mot, qu'il parte, qu'il soit rayé pour moi du livre de vie ; qu'une liaison coupable, et qui n'a pu exister sans remords, soit rompue à jamais ; que le souvenir s'en efface lentement, dans un an, dans deux peut-être, et qu'alors, moi, André, je revienne, comme un laboureur ruiné par le tonnerre, rebâtir ma cabane de chaume sur mon champ dévasté.

CORDIANI.

O mon Dieu !

ANDRÉ.

Je suis fait à la patience. Pour me faire aimer de cette femme, j'ai suivi durant deux années son ombre sur la terre La poussière où elle marche est habituée à la sueur de mon front. Arrivé au terme de la carrière, je recommencerai mon ouvrage. Qui sait ce qui peut advenir de la fragilité des femmes ? Qui sait jusqu'où peut aller l'inconstance de ce sable mouvant, et si vingt autres années d'amour et de dévouement sans bornes n'en pourront pas faire autant qu'une nuit de débauche? Car c'est aujourd'hui que Lucrèce est coupable, puisque c'est aujourd'hui, pour la première fois depuis que tu es à Florence, que j'ai trouvé ta porte fermée.

CORDIANI.

C'est vrai.

ANDRÉ.

Cela t'étonne, n'est-ce pas, que j'aie un tel courage? Cela étonnerait aussi le monde, si le monde l'apprenait un jour. Je suis de son avis. Un coup d'épée est plus tôt donné. Mais j'ai un grand malheur, moi : je ne crois pas à l'autre vie; et je te donne ma parole que, si je ne réussis pas, le jour où j'aurai l'entière certitude que mon bonheur est à jamais détruit je mourrai n'importe comment. Jusque-là, j'accomplirai ma tâche.

CORDIANI.

Quand dois-je partir?

ANDRÉ.

Un cheval est à la grille. Je te donne une heure. Adieu.

CORDIANI.

Ta main, André, ta main!

ANDRÉ, revenant sur ses pas.

Ma main? A qui ma main? T'ai-je dit une injure? T'ai-je appelé faux ami, traître aux serments les plus sacrés? T'ai-je dit que, toi qui me tues, je t'aurais choisi pour me défendre, si ce que tu as fait tout autre l'avait fait? T'ai-je dit que cette nuit j'eusse perdu autre chose que l'amour de Lucrèce? T'ai-je parlé de quelque autre chagrin? Tu le vois bien, ce n'est pas à Cordiani que j'ai parlé. A qui veux-tu donc que je donne ma main?

CORDIANI.

Ta main, André! Un éternel adieu, mais un adieu!

ANDRÉ.

Je ne le puis. Il y a du sang après la tienne.

Il sort.

CORDIANI, seul, frappe à la porte.

Holà, Mathurin!

MATHURIN.

Plaît-il, Excellence?

CORDIANI.

Prends mon manteau; rassemble tout ce que tu trouveras sur ma table et dans mes armoires. Tu en feras un paquet à la hâte et tu le porteras à la grille du jardin.

Il s'assoit.

MATHURIN.

Vous partez, Monsieur?

CORDIANI.

Fais ce que je te dis.

DAMIEN, entrant.

André, que je rencontre, m'apprend que tu pars, Cordiani. Combien je m'applaudis d'une pareille détermination ! Est-ce pour quelque temps ?

CORDIANI.

Je ne sais. Tiens, Damien, rends-moi le service d'aider Mathurin à choisir ce que je dois emporter.

MATHURIN, sur le seuil de la porte.

Oh ! ce ne sera pas long.

DAMIEN.

Il suffit de prendre le plus pressant. On t'enverra le reste à l'endroit où tu comptes t'arrêter. A propos, où vas-tu ?

CORDIANI.

Je ne sais. Dépêche-toi, Mathurin, dépêche-toi.

MATHURIN.

Cela est fait dans l'instant.

Il emporte un paquet.

DAMIEN.

Maintenant, mon ami, adieu.

CORDIANI.

Adieu ! adieu ! Si tu vois ce soir, — je veux dire, — si demain, ou un autre jour...

DAMIEN.

Qui ? que veux-tu ?

CORDIANI.

Rien, rien. Adieu, Damien, au revoir.

DAMIEN.

Un bon voyage!

Il l'embrasse et sort.

MATHURIN.

Monsieur, tout est prêt.

CORDIANI.

Merci, mon brave. Tiens, voilà pour tes bons services durant mon séjour dans cette maison.

MATHURIN.

Oh! Excellence!

CORDIANI, toujours assis.

Tout est prêt, n'est-ce pas?

MATHURIN.

Oui, Monsieur. Vous accompagnerai-je?

CORDIANI.

Certainement. — Mathurin!

MATHURIN.

Excellence?

CORDIANI.

Je ne puis partir, Mathurin.

MATHURIN.

Vous ne partez pas?

CORDIANI.

Non. C'est impossible, vois-tu.

MATHURIN.

Avez-vous besoin d'autre chose?

CORDIANI.

Non, je n'ai besoin de rien.

Un silence.

CORDIANI, se levant.

Pâles statues, promenades chéries, sombres allées, comment voulez-vous que je parte? Ne sais-tu pas, toi, nuit profonde, que je ne puis partir? O murs que j'ai franchis! terre que j'ai ensanglantée!

Il retombe sur le banc.

MATHURIN.

Au nom du Ciel, hélas! il se meurt. Au secours! au secours!

CORDIANI, se levant précipitamment.

N'appelle pas! viens avec moi.

MATHURIN.

Ce n'est pas là notre chemin.

CORDIANI.

Silence! viens avec moi, te dis-je! Tu es mort si tu n'obéis pas.

Il l'entraîne du côté de la maison.

MATHURIN.

Où allez-vous, Monsieur?

CORDIANI.

Ne t'effraye pas; je suis en délire. Cela n'est rien; écoute; je ne veux qu'une chose bien simple. N'est-ce pas à présent l'heure du souper? Maintenant ton maître est assis à sa table, entouré de ses amis, et en face de lui... En un mot, mon ami, je ne veux pas entrer; je veux seulement poser mon front sur la fenêtre, les voir un moment. Une seule minute, et nous partons.

Ils sortent.

SCÈNE II

Une chambre. — Une table dressée.

ANDRÉ, LUCRÈCE, assise.

ANDRÉ.

Nos amis viennent bien tard. Vous êtes pâle, Lucrèce. Cette scène vous a effrayée.

LUCRÈCE.

Lionel et Damien sont cependant ici. Je ne sais qui peut les retenir.

ANDRÉ.

Vous ne portez plus de bagues? Les vôtres vous déplaisent? Ah! je me trompe, en voici une que je ne connaissais pas encore.

LUCRÈCE.

Cette scène, en vérité, m'a effrayée. Je ne puis vous cacher que je suis souffrante.

ANDRÉ.

Montrez-moi cette bague, Lucrèce; est-ce un cadeau? est-il permis de l'admirer?

LUCRÈCE, donnant la bague.

C'est un cadeau de Marguerite, mon amie d'enfance.

ANDRÉ.

C'est singulier, ce n'est pas son chiffre! pourquoi donc? C'est un bijou charmant, mais bien fragile. Ah! mon Dieu, qu'allez-vous me dire? je l'ai brisé en le prenant.

LUCRÈCE.

Il est brisé? mon anneau brisé?

ANDRÉ.

Que je m'en veux de cette maladresse! Mais, en vérité, le mal est sans ressource.

LUCRÈCE.

N'importe! rendez-le-moi tel qu'il est.

ANDRÉ.

Qu'en voudriez-vous faire? l'orfèvre le plus habile n'y pourrait trouver remède.

Il le jette à terre et l'écrase.

LUCRÈCE.

Ne l'écrasez pas! j'y tenais beaucoup.

ANDRÉ.

Bon, Marguerite vient ici tous les jours. Vous lui direz que je l'ai brisé, et elle vous en donnera un autre. Avons-nous beaucoup de monde ce soir? notre souper sera-t-il joyeux?

LUCRÈCE.

Je tenais beaucoup à cet anneau.

ANDRÉ.

Et moi aussi j'ai perdu cette nuit un joyau précieux; j'y tenais beaucoup aussi... Vous ne répondez pas à ma demande?

LUCRÈCE.

Mais nous aurons notre compagnie habituelle, je suppose : Lionel, Damien et Cordiani.

ANDRÉ.

Cordiani aussi!... Je suis désolé de la mort de Grémio.

LUCRÈCE.

C'était votre père nourricier.

ANDRÉ.

Qu'importe? qu'importe? Tous les jours on perd un ami. N'est-ce pas chose ordinaire que d'entendre dire : Celui-là est mort, celui-là est ruiné? On danse, on boit par là-dessus. Tout n'est qu'heur et malheur.

LUCRÈCE.

Voici nos convives, je pense.

Lionel et Damien entrent.

ANDRÉ.

Allons, mes bons amis, à table! Avez-vous quelque souci, quelque peine de cœur? il s'agit de tout oublier. Hélas! oui, vous en avez sans doute : tout homme en a sous le soleil.

Ils s'assoient.

LUCRÈCE.

Pourquoi reste-t-il une place vide?

ANDRÉ.

Cordiani est parti pour l'Allemagne.

LUCRÈCE.

Parti! Cordiani?

ANDRÉ.

Oui, pour l'Allemagne. Que Dieu le conduise! Allons, mon vieux Lionel, notre jeunesse est là dedans.

Montrant les flacons.

LIONEL.

Parlez pour moi seul, maître. Puisse la vôtre durer longtemps encore, pour vos amis et pour le pays!

ANDRÉ.

Jeune ou vieux, que veut dire ce mot? Les cheveux blancs ne font pas la vieillesse, et le cœur de l'homme n'a pas d'âge.

LUCRÈCE, à voix basse.

Est-ce vrai, Damien, qu'il est parti?

DAMIEN, de même.

Très vrai.

LIONEL.

Le ciel est à l'orage; il fait mauvais temps pour voyager.

ANDRÉ.

Décidément, mes bons amis, je quitte cette maison : la vie de Florence plaît moins de jour en jour à ma chère Lucrèce, et, quant à moi, je ne l'ai jamais aimée. Dès le mois prochain, je compte avoir sur les bords de l'Arno une maison de campagne, un pampre vert et quelques pieds de jardin. C'est là que je veux achever ma vie, comme je l'ai commencée. Mes élèves ne m'y suivront pas. Qu'ai-je à leur apprendre qu'ils ne puissent oublier? Moi-même j'oublie chaque jour, et moins encore que je ne le voudrais. J'ai besoin cependant de vivre du passé; qu'en dites-vous, Lucrèce?

LIONEL.

Renoncez-vous à vos espérances?

ANDRÉ.

Ce sont elles, je crois, qui renoncent à moi. O mon vieil ami, l'espérance est semblable à la fanfare guerrière : elle mène au combat et divinise le danger. Tout est si beau, si facile, tant qu'elle retentit au fond du cœur! mais le jour où sa voix expire le soldat s'arrête et brise son épée.

DAMIEN.

Qu'avez-vous, Madame? vous paraissez souffrir.

LIONEL.

Mais, en effet, quelle pâleur! nous devrions nous retirer.

LUCRÈCE.

Spinette! entre dans ma chambre, ma chère, et prends mon flacon sur ma toilette. Tu me l'apporteras.

Spinette sort.

ANDRÉ.

Qu'avez-vous donc, Lucrèce? O Ciel! seriez-vous réellement malade?

DAMIEN.

Ouvrez cette fenêtre, le grand air vous fera du bien.

Spinette rentre épouvantée.

SPINETTE.

Monseigneur! Monseigneur! un homme est là caché.

ANDRÉ.

Où?

SPINETTE.

Là, dans l'appartement de ma maîtresse.

LIONEL.

Mort et furie! voilà la suite de votre faiblesse, maître : c'est le meurtrier de Grémio. Laissez-moi lui parler.

SPINETTE.

J'étais entrée sans lumière. Il m'a saisi la main comme je passais entre les deux portes.

ANDRÉ.

Lionel, n'entre pas, c'est moi que cela regarde.

LIONEL.

Quand vous devriez me bannir de chez vous, pour cette fois je ne vous quitte pas. Entrons, Damien.

Il entre.

ANDRÉ, courant à sa femme.

Est-ce lui, malheureuse? est-ce lui?

LUCRÈCE.

O mon Dieu! prends pitié de moi!

Elle s'évanouit.

DAMIEN.

Suivez, Lionel, André, empêchez-le de voir Cordiani.

ANDRÉ.

Cordiani! Cordiani! Mon déshonneur est-il si public, si bien connu de tout ce qui m'entoure, que je n'aie qu'un mot à dire pour qu'on me réponde par celui-ci : Cordiani! Cordiani!

Criant.

Sors donc, misérable, puisque voilà Damien qui t'appelle!

Lionel rentre avec Cordiani.

ANDRÉ, à tout le monde.

Je vous ai fait sortir tantôt. A présent, je vous prie de rester. Emportez cette femme, Messieurs. Cet homme est l'assassin de Grémio.

On emporte Lucrèce.

C'est pour entrer chez ma femme qu'il l'a tué. Un cheval!... Dans quelque état qu'elle se trouve, vous, Damien, vous la conduirez à sa mère... ce soir, à l'instant même. Maintenant, Lionel, tu vas me servir de témoin. Cordiani prendra celui qu'il voudra : car tu vois ce qui se passe, mon ami!

LIONEL.

Mes épées sont dans ma chambre. Nous allons les prendre en passant.

ANDRÉ, à Cordiani.

Ah! vous voulez que le déshonneur soit public! Il le sera, Monsieur, il le sera. Mais la réparation va l'être de même, et malheur à celui qui la rend nécessaire!

Ils sortent.

SCÈNE III

*Une plate-forme à l'extrémité du jardin.
Un réverbère est allumé.*

MATHURIN, seul, puis JEAN.

MATHURIN.

Où peut être allé ce jeune homme? Il me dit de l'attendre, et voilà bientôt une demi-heure qu'il m'a quitté. Comme il tremblait en approchant de la maison! Ah! s'il fallait croire ce qu'on en dit!

JEAN, passant.

Eh bien, Mathurin, que fais-tu là à cette heure?

MATHURIN.

J'attends le seigneur Cordiani.

JEAN.

Tu ne viens pas à l'enterrement de ce pauvre Grémio? On va partir tout à l'heure.

MATHURIN.

Vraiment! J'en suis fâché; mais je ne puis quitter la place.

JEAN.

J'y vais, moi, de ce pas.

MATHURIN.

Jean, ne vois-tu pas des hommes qui arrivent du côté de la maison? On dirait que c'est notre maître et ses amis.

JEAN.

Oui, ma foi, ce sont eux. Que diable cherchent-ils? Ils viennent droit à nous.

MATHURIN.

N'ont-ils pas leurs épées à la main?

JEAN.

Non pas, je crois. Si fait, tu as raison. Cela ressemble à une querelle.

MATHURIN.

Tenons-nous à l'écart, et, si je ne m'entends pas appeler, j'irai avec toi.

Ils se retirent. — Lionel et Cordiani entrent.

LIONEL.

Cette lumière nous suffira. Placez-vous ici, Monsieur; n'aurez-vous pas de second?

CORDIANI.

Non, Monsieur.

LIONEL.

Ce n'est pas l'usage, et je vous avoue que, pour moi, j'en suis fâché. Du temps de ma jeunesse, il n'y avait guère d'affaires de cette sorte sans quatre épées tirées.

CORDIANI.

Ceci n'est pas un duel, Monsieur; André n'aura rien à parer, et le combat ne sera pas long.

LIONEL.

Qu'entends-je? voulez-vous faire de lui un assassin ?

CORDIANI.

Je m'étonne qu'il n'arrive pas.

ANDRÉ, entrant.

Me voilà.

LIONEL.

Otez vos manteaux; je vais marquer les lignes. Messieurs, c'est jusqu'ici que vous pouvez rompre.

ANDRÉ.

En garde!

DAMIEN, entrant.

Je n'ai pu remplir la mission dont tu m'avais chargé. Lucrèce refuse mon escorte; elle est partie seule, à pied, accompagnée de sa suivante.

ANDRÉ.

Dieu du Ciel! quel orage se prépare !

Il tonne.

DAMIEN.

Lionel, je me présente ici comme second de

Cordiani. André ne verra dans cette démarche qu'un devoir qui m'est sacré ; je ne tirerai l'épée que si la nécessité m'y oblige.

CORDIANI.

Merci, Damien, merci.

LIONEL.

Êtes-vous prêts ?

ANDRÉ.

Je le suis.

CORDIANI.

Je le suis.

Ils se battent. Cordiani est blessé.

DAMIEN.

Cordiani est blessé !

ANDRÉ, se jetant sur lui.

Tu es blessé, mon ami ?

LIONEL, le retenant.

Retirez-vous, nous nous chargeons du reste.

CORDIANI.

Ma blessure est légère. Je puis encore tenir mon épée.

LIONEL.

Non, Monsieur ; vous allez souffrir beaucoup plus dans un instant : l'épée a pénétré. Si vous pouvez marcher, venez avec nous.

CORDIANI.

Vous avez raison. Viens-tu, Damien ? Donne-moi ton bras, je me sens bien faible. Vous me laisserez chez Manfredi.

ANDRÉ, bas à Lionel.

La crois-tu mortelle?

LIONEL.

Je ne réponds de rien.

Ils sortent.

ANDRÉ, seul.

Pourquoi me laissent-ils? Il faut que j'aille avec eux. Où veulent-ils que j'aille?

Il fait quelques pas vers la maison.

Ah! cette maison déserte! Non, par le Ciel! je n'y retournerai pas ce soir! Si ces deux chambres-là doivent être vides cette nuit, la mienne le sera aussi. Il ne s'est pas défendu. Je n'ai pas senti son épée. Il a reçu le coup, cela est clair. Il va mourir chez Manfredi.

C'est singulier. Je me suis pourtant déjà battu. Lucrèce partie, seule, par cette horrible nuit! Est-ce que je n'entends pas marcher là dedans?

Il va du côté des arbres.

Non, personne. Il va mourir. Lucrèce seule, avec une femme! Eh bien! quoi? je suis trompé par cette femme. Je me bats avec son amant. Je le blesse. Me voilà vengé. Tout est dit. Qu'ai-je à faire à présent?

Ah! cette maison déserte! cela est affreux. Quand je pense à ce qu'elle était hier au soir! à ce que j'avais, à ce que j'ai perdu! Qu'est-ce donc pour moi que la vengeance? Quoi! voilà tout? Et rester seul ainsi? A qui cela rend-il la vie de faire mourir un meurtrier? Quoi! répondez? Qu'avais-je affaire de chasser ma femme, d'égorger cet homme? Il n'y a point d'offensé, il n'y a qu'un malheureux. Je me soucie bien de vos lois d'honneur! Cela me console bien que vous ayez inventé cela pour ceux qui se trouvent dans ma position, que vous l'ayez réglé comme une cérémonie! Où sont mes vingt années de bonheur, ma femme, mon ami, le soleil de mes jours, le repos de mes nuits? Voilà ce qui me reste.

Il regarde son épée.

Que me veux-tu, toi? On t'appelle l'amie des offensés. Il n'y a point ici d'homme offensé. Que la rosée essuie ton sang!

Il la jette.

Ah! cette affreuse maison! Mon Dieu! mon Dieu!

Il pleure à chaudes larmes. — L'enterrement passe.

ANDRÉ.

Qui enterrez-vous là?

LES PORTEURS.

Nicolas Grémio.

ANDRÉ.

Et toi aussi, mon pauvre vieux, et toi aussi tu m'abandonnes.

ACTE III

SCÈNE PREMIÈRE

Une rue. — Il est toujours nuit.

LIONEL, DAMIEN et CORDIANI, entrant.

CORDIANI.

Je ne puis marcher; le sang m'étouffe. Arrêtez-moi sur ce banc.

Ils le posent sur un banc.

LIONEL.

Que sentez-vous?

CORDIANI.

Je me meurs, je me meurs! Au nom du Ciel, un verre d'eau!

DAMIEN.

Restez ici, Lionel. Un médecin de ma connaissance demeure au bout de cette rue. Je cours le chercher.

Il sort.

CORDIANI.

Il est trop tard, Damien.

LIONEL.

Prenez patience. Je vais frapper à cette maison.

Il frappe.

Peut-être pourrons-nous y trouver quelque secours en attendant l'arrivée du médecin. Personne !

Il frappe de nouveau.

UNE VOIX en dedans.

Qui est là ?

LIONEL.

Ouvrez ! ouvrez, qui que vous soyez vous-même. Au nom de l'hospitalité, ouvrez !

LE PORTIER, ouvrant.

Que voulez-vous ?

LIONEL.

Voilà un gentilhomme blessé à mort. Apportez-nous un verre d'eau et de quoi panser la plaie.

Le portier sort.

CORDIANI.

Laissez-moi, Lionel. Allez retrouver André. C'est lui qui est blessé, et non pas moi. C'est lui que toute la science humaine ne guérira pas cette nuit. Pauvre André ! pauvre André !

LE PORTIER, rentrant.

Buvez cela, mon cher seigneur, et puisse le Ciel venir à votre aide !

LIONEL.

A qui appartient cette maison ?

LE PORTIER.

A Monna Flora del Fede.

CORDIANI.

La mère de Lucrèce! O Lionel, Lionel, sortons d'ici!

Il se soulève.

Je ne puis bouger; mes forces m'abandonnent.

LIONEL.

Sa fille Lucrèce n'est-elle pas venue ce soir ici?

LE PORTIER.

Non, Monsieur.

LIONEL.

Non, pas encore! cela est singulier!

LE PORTIER.

Pourquoi viendrait-elle à cette heure?

Lucrèce et Spinette arrivent.

LUCRÈCE.

Frappe à la porte, Spinette, je ne m'en sens pas le courage.

SPINETTE.

Qui est là sur ce banc, couvert de sang et prêt à mourir?

CORDIANI.

Ah! malheureux!

LUCRÈCE.

Tu demandes qui? C'est Cordiani!

Elle se jette sur le banc.

Est-ce toi? est-ce toi? Qui t'a amené ici? qui t'a abandonné sur cette pierre? Où est André,

Lionel? Ah! il se meurt! Comment, Paolo, tu ne l'as pas fait porter chez ma mère?

LE PORTIER.

Ma maîtresse n'est pas à Florence, Madame.

LUCRÈCE.

Où est-elle donc? N'y a-t-il pas un médecin à Florence? Allons, Monsieur, aidez-moi, et portons-le dans la maison.

SPINETTE.

Songez à cela, Madame.

LUCRÈCE.

Songer à quoi? es-tu folle? et que m'importe? Ne vois-tu pas qu'il est mourant? Ce ne serait pas lui que je le ferais.

Damien et un médecin arrivent.

DAMIEN.

Par ici, Monsieur. Dieu veuille qu'il soit temps encore!

LUCRÈCE, au médecin.

Venez, Monsieur, aidez-nous. Ouvre-nous les portes, Paolo. Ce n'est pas mortel, n'est-ce pas?

DAMIEN.

Ne vaudrait-il pas mieux tâcher de le transporter jusque chez Manfredi?

LUCRÈCE.

Qui est-ce, Manfredi? Me voilà, moi, qui suis sa maîtresse. Voilà ma maison. C'est pour moi qu'il meurt, n'est-il pas vrai? Eh bien donc! qu'avez-vous à dire? Oui, cela est certain, je suis la femme d'André del Sarto. Et que m'importe ce qu'on en dira? ne suis-je pas chassée par mon mari? ne serai-je pas la fable de la ville dans deux heures d'ici? Manfredi? Et que dira-t-on? On dira que Lucretia del Fede a trouvé Cordiani mourant à sa porte et qu'elle l'a fait porter chez elle. Entrez! entrez!

Ils entrent dans la maison, emportant Cordiani.

LIONEL, resté seul.

Mon devoir est rempli; maintenant, à André! Il doit être bien triste, le pauvre homme!

André entre pensif et se dirige vers la maison.

LIONEL.

Qui êtes-vous? où allez-vous?

André ne répond pas.

C'est vous, André? Que venez-vous faire ici?

ANDRÉ.

Je vais voir la mère de ma femme.

LIONEL.

Elle n'est pas à Florence.

ANDRÉ.

Ah! où est donc Lucrèce, en ce cas?

LIONEL.

Je ne sais; mais ce dont je suis certain, c'est que Monna Flora est absente : retournez chez vous, mon ami.

ANDRÉ.

Comment le savez-vous? et par quel hasard êtes-vous là?

LIONEL.

Je revenais de chez Manfredi, où j'ai laissé Cordiani, et, en passant, j'ai voulu savoir...

ANDRÉ.

Cordiani se meurt, n'est-il pas vrai?

LIONEL.

Non; ses amis espèrent qu'on le sauvera.

ANDRÉ.

Tu te trompes, il y a du monde dans la maison : vois donc ces lumières qui vont et qui viennent.

Il va regarder à la fenêtre.

Ah!

LIONEL.

Que voyez-vous?

ANDRÉ.

Suis-je fou, Lionel? J'ai cru voir passer dans la chambre basse Cordiani, tout couvert de sang, appuyé sur le bras de Lucrèce!

LIONEL.

Vous avez vu Cordiani appuyé sur le bras de Lucrèce?

ANDRÉ.

Tout couvert de son sang.

LIONEL.

Retournons chez vous, mon ami.

ANDRÉ.

Silence! Il faut que je frappe à la porte.

LIONEL.

Pourquoi faire? Je vous dis que Monna Flora est absente. Je viens d'y frapper moi-même.

ANDRÉ.

Je l'ai vu! laisse-moi.

LIONEL.

Qu'allez-vous faire, mon ami? êtes-vous un homme? Si votre femme se respecte assez peu pour recevoir chez sa mère l'auteur d'un crime que vous avez puni, est-ce à vous d'oublier qu'il meurt de votre main, et de troubler peut-être ses derniers instants?

ANDRÉ.

Que veux-tu que je fasse? Oui, oui, je les tuerais tous deux! Ah! ma raison est égarée. Je vois ce qui n'est pas. Cette nuit tout entière, j'ai couru dans ces rues désertes au milieu de spectres affreux. Tiens, vois, j'ai acheté du poison.

LIONEL.

Prenez mon bras et sortons.

ANDRÉ, retournant à la fenêtre.

Plus rien! Ils sont là, n'est-ce pas?

LIONEL.

Au nom du Ciel, soyez maître de vous. Que voulez-vous faire? Il est impossible que vous assistiez à un tel spectacle, et toute violence en cette occasion serait de la cruauté. Votre ennemi expire, que voulez-vous de plus?

ANDRÉ.

Mon ennemi! lui, mon ennemi! le plus cher, le meilleur de mes amis! Qu'a-t-il donc fait? il l'a aimée. Sortons, Lionel, je les tuerais tous deux de ma main.

LIONEL.

Nous verrons demain ce qui vous reste à faire. Confiez-vous à moi; votre honneur m'est aussi sacré que le mien, et mes cheveux gris vous en répondent.

ANDRÉ.

Ce qui me reste à faire? Et que veux-tu que je devienne? Il faut que je parle à Lucrèce.

Il s'avance vers la porte.

LIONEL.

André, André, je vous en supplie, n'approchez pas de cette porte. Avez-vous perdu toute espèce de courage? La position où vous êtes est affreuse, personne n'y compatit plus vivement, plus sincèrement que moi. J'ai une femme aussi, j'ai des enfants; mais la fermeté d'un homme ne doit-elle pas lui servir de bouclier? Demain, vous pourrez entendre des conseils qu'il m'est impossible de vous adresser en ce moment.

ANDRÉ.

C'est vrai, c'est vrai! qu'il meure en paix! dans ses bras, Lionel! Elle veille et pleure sur lui! A travers les ombres de la mort, il voit errer autour de lui cette tête adorée; elle lui sourit et l'encourage! Elle lui présente la coupe salutaire; elle est pour lui l'image de la vie. Ah! tout cela m'appartenait : c'était ainsi que je voulais mourir. Viens, partons, Lionel.

Il frappe à la porte.

Holà! Paolo! Paolo!

LIONEL.

Que faites-vous, malheureux?

ANDRÉ.

Je n'entrerai pas.

Paolo paraît.

Pose ta lumière sur ce banc; il faut que j'écrive à Lucrèce.

LIONEL.

Et que voulez-vous lui dire?

ANDRÉ.

Tiens, tu lui remettras ce billet; tu lui diras que j'attends sa réponse chez moi; oui, chez moi : je ne saurais rester ici. Viens, Lionel. Chez moi, entends-tu?

Ils sortent.

SCÈNE II

La maison d'André. — Il est jour.

JEAN, MONTJOIE.

JEAN.

Je crois qu'on frappe à la grille.

<small>Il ouvre.</small>

Que demandez-vous, Excellence?

<small>Entrent Montjoie et sa suite.</small>

MONTJOIE.

Le peintre André del Sarto?

JEAN.

Il n'est pas au logis, Monseigneur.

MONTJOIE.

Si sa porte est fermée, dis-lui que c'est l'envoyé du roi de France qui le fait demander.

JEAN.

Si Votre Excellence veut entrer dans l'académie, mon maître peut revenir d'un instant à l'autre.

MONTJOIE.

Entrons, Messieurs. Je ne suis pas fâché de visiter les ateliers et de voir ses élèves.

JEAN.

Hélas! Monseigneur, l'académie est déserte aujourd'hui. Mon maître a reçu très peu d'écoliers cette année, et, à compter de ce jour, personne ne vient plus ici.

MONTJOIE.

Vraiment? on m'avait dit tout le contraire... Est-ce que ton maître n'est plus professeur à l'école?

JEAN.

Le voilà lui-même, accompagné d'un de ses amis.

MONTJOIE.

Qui? cet homme qui détourne la rue? Le vieux ou le jeune?

JEAN.

Le plus jeune des deux.

MONTJOIE.

Quel visage pâle et abattu! quelle tristesse profonde sur tous ses traits! et ses vêtements en désordre! Est-ce là le peintre André del Sarto?

André et Lionel entrent.

LIONEL.

Seigneur, je vous salue. Qui êtes-vous?

MONTJOIE.

C'est à André del Sarto que nous avons affaire. Je suis le comte de Montjoie, envoyé du roi de France.

ANDRÉ.

Du roi de France? J'ai volé votre maître, Monsieur. L'argent qu'il m'a confié est dissipé, et je n'ai pas acheté un seul tableau pour lui.

A un valet.

Paolo est-il venu ?

MONTJOIE.

Parlez-vous sérieusement ?

LIONEL.

Ne le croyez pas, Messieurs. Mon ami André est aujourd'hui... pour certaines raisons... une affaire malheureuse... hors d'état de vous répondre et d'avoir l'honneur de vous recevoir.

MONTJOIE.

S'il en est ainsi, nous reviendrons un autre jour.

ANDRÉ.

Pourquoi ? Je vous dis que je l'ai volé. Cela est très sérieux. Tu ne sais pas que je l'ai volé, Lionel ? Vous reviendriez cent fois que ce serait de même.

MONTJOIE.

Cela est incroyable.

ANDRÉ.

Pas du tout : cela est tout simple. J'avais une femme... Non, non ! Je veux dire seulement que j'ai usé de l'argent du roi de France comme s'il m'appartenait.

MONTJOIE.

Est-ce ainsi que vous exécutez vos promesses ? Où sont les tableaux que François Ier vous avait chargé d'acheter pour lui ?

ANDRÉ.

Les miens sont là dedans ; prenez-les si vous

voulez : ils ne valent rien. J'ai eu du génie autrefois, ou quelque chose qui ressemblait à du génie ; mais j'ai toujours fait mes tableaux trop vite, pour avoir de l'argent comptant. Prenez-les cependant. Jean, apporte les tableaux que tu trouveras sur le chevalet. Ma femme aimait le plaisir, Messieurs. Vous direz au roi de France qu'il obtienne l'extradition, et il me fera juger par ses tribunaux. Ah ! le Corrège ! voilà un peintre ! Il était plus pauvre que moi ; mais jamais un tableau n'est sorti de son atelier un quart d'heure trop tôt. L'honnêteté ! l'honnêteté ! voilà la grande parole. Le cœur des femmes est un abîme.

MONTJOIE, à Lionel.

Ses paroles annoncent le délire. Qu'en devons-nous penser ? Est-ce là l'homme qui vivait en prince à la cour de France, dont tout le monde écoutait les conseils comme un oracle en fait d'architecture et de beaux-arts ?

LIONEL.

Je ne puis vous dire le motif de l'état où vous le voyez. Si vous en êtes touché, ménagez-le.

On apporte les deux tableaux.

ANDRÉ.

Ah ! les voilà. Tenez, Messieurs, faites-les emporter. Non pas que je leur donne aucun prix. Une somme si forte, d'ailleurs ! de quoi payer des Raphaël ! Ah ! Raphaël ! il est mort heureux dans les bras de sa maîtresse.

MONTJOIE, regardant.

C'est une magnifique peinture.

ANDRÉ.

Trop vite ! trop vite ! Emportez-les ; que tout soit fini. Ah ! un instant.

Il arrête les porteurs.

Tu me regardes, toi, pauvre fille !

A la figure de la Charité, que représente le tableau.

Tu veux me dire adieu ! C'était la Charité, Messieurs. C'était la plus belle, la plus douce des vertus humaines. Tu n'avais pas eu de modèle, toi ! Tu m'étais apparue en songe, par une triste nuit, pâle comme te voilà, entourée de tes chers enfants qui pressent ta mamelle. Celui-là vient de glisser à terre, et regarde sa belle nourrice en cueillant quelques fleurs des champs. Donnez cela à votre maître, Messieurs. Mon nom est au bas. Cela vaut quelque argent. Paolo n'est pas venu me demander ?

UN VALET.

Non, Monsieur.

ANDRÉ.

Que fait-il donc ? ma vie est dans ses mains.

LIONEL, à Montjoie.

Au nom du Ciel ! Messieurs, retirez-vous. Je vous le mènerai demain, si je puis. Vous le voyez vous-mêmes, un malheur imprévu lui a troublé l'esprit.

MONTJOIE.

Nous obéissons, Monsieur; excusez-nous et tenez votre promesse.

Ils sortent.

ANDRÉ.

J'étais né pour vivre tranquille, vois-tu! je ne sais point être malheureux. Qui peut retenir Paolo?

LIONEL.

Et que demandez-vous donc dans cette fatale lettre, dont vous attendez si impatiemment la réponse?

ANDRÉ.

Tu as raison; allons-y nous-mêmes. Il vaut toujours mieux s'expliquer de vive voix.

LIONEL.

Ne vous éloignez pas dans ce moment, puisque Paolo doit vous retrouver ici : ce ne serait que du temps perdu.

ANDRÉ.

Elle ne répondra pas. O comble de misère! Je supplie, Lionel; lorsque je devrais punir! Ne me juge pas, mon ami, comme tu pourrais faire un autre homme. Je suis un homme sans caractère, vois-tu! j'étais né pour vivre tranquille.

LIONEL.

Sa douleur me confond malgré moi.

ANDRÉ.

O honte! ô humiliation! elle ne répondra pas. Comment en suis-je venu là? Sais-tu ce que je lui demande? Ah! la lâcheté elle-même en rougirait, Lionel : je lui demande de revenir à moi.

LIONEL.

Est-ce possible?

ANDRÉ.

Oui, oui, je sais tout cela. J'ai fait un éclat : eh bien! dis-moi, qu'y ai-je gagné? Je me suis conduit comme tu l'as voulu : eh bien! je suis le plus malheureux des hommes. Apprends-le donc, je l'aime, je l'aime plus que jamais!

LIONEL.

Insensé !

ANDRÉ.

Crois-tu qu'elle y consente? Il faut me pardonner d'être un lâche. Mon père était un pauvre ouvrier. Ce Paolo ne viendra pas. Je ne suis point un gentilhomme; le sang qui coule dans mes veines n'est pas un noble sang.

LIONEL.

Plus noble que tu ne crois.

ANDRÉ.

Mon père était un pauvre ouvrier... Penses-tu que Cordiani en meure? Le peu de talent qu'on remarqua en moi fit croire au pauvre homme que j'étais protégé par une fée. Et moi, je regardais dans mes promenades les bois et les ruisseaux, espérant toujours voir ma divine protectrice sortir d'un antre mystérieux. C'est ainsi que la toute-puissante nature m'attirait à elle. Je me fis peintre, et, lambeau par lambeau, le voile des illusions tomba en poussière à mes pieds.

LIONEL.

Pauvre André !

ANDRÉ.

Elle seule ! Oui, quand elle parut, je crus que mon rêve se réalisait, et que ma Galatée s'animait sous mes mains. Insensé ! mon génie mourut dans mon amour; tout fut perdu pour moi... Cordiani se meurt, et Lucrèce voudra le suivre... Oh ! massacre et furie ! cet homme ne vient point.

LIONEL.

Envoie quelqu'un chez Monna Flora.

ANDRÉ.

C'est vrai. Mathurin, va chez Monna Flora. Écoute.

A part.

Observe tout; tâche de rôder dans la maison; demande la réponse à ma lettre; va, et sois revenu tout à l'heure... Mais pourquoi pas nous-mêmes, Lionel ? O solitude ! solitude ! que ferai-je de ces mains-là ?

LIONEL.

Calmez-vous, de grâce.

ANDRÉ.

Je la tenais embrassée durant les longues nuits d'été sur mon balcon gothique. Je voyais tomber en silence les étoiles des mondes détruits. Qu'est-ce que la gloire ? m'écriais-je ; qu'est-ce que l'ambition ? Hélas! l'homme tend à la nature une coupe aussi large et aussi vide qu'elle. Elle n'y laisse tomber qu'une goutte de sa rosée; mais cette goutte est l'amour, c'est une larme de ses yeux, la seule qu'elle ait versée sur cette terre pour la consoler d'être sortie de ses mains. Lionel, Lionel, mon heure est venue.

LIONEL.

Prends courage.

ANDRÉ.

C'est singulier, je n'ai jamais éprouvé cela. Il m'a semblé qu'un coup me frappait. Tout se détache de moi. Il m'a semblé que Lucrèce partait.

LIONEL.

Que Lucrèce partait!

ANDRÉ.

Oui, je suis sûr que Lucrèce part sans me répondre.

LIONEL.

Comment cela?

ANDRÉ.

J'en suis sûr; je viens de la voir.

LIONEL.

De la voir! Où? comment?

ANDRÉ.

J'en suis sûr; elle est partie.

LIONEL.

Cela est étrange!

ANDRÉ.

Tiens, voilà Mathurin.

MATHURIN, entrant.

Mon maître est-il ici?

ANDRÉ.

Oui, me voilà.

MATHURIN.

J'ai tout appris.

ANDRÉ.

Eh bien?

MATHURIN, le tirant à part.

Dois-je vous dire tout, maître?

ANDRÉ.

Oui, oui.

MATHURIN.

J'ai rôdé autour de la maison, comme vous me l'aviez ordonné.

ANDRÉ.

Eh bien?

MATHURIN.

J'ai fait parler le vieux concierge, et je sais tout au mieux.

ANDRÉ.

Parle donc!

MATHURIN.

Cordiani est guéri; la blessure était peu de chose. Au premier coup de lancette il s'est trouvé soulagé.

ANDRÉ.

Et Lucrèce ?

MATHURIN.

Partie avec lui.

ANDRÉ.

Qui, lui ?

MATHURIN.

Cordiani.

ANDRÉ.

Tu es fou. Un homme que j'ai vu prêt à rendre l'âme, il y a... c'est cette nuit même...

MATHURIN.

Il a voulu partir dès qu'il s'est senti la force de marcher. Il disait qu'un soldat en ferait autant à sa place, et qu'il fallait être mort ou vivant.

ANDRÉ.

Cela est incroyable. Où vont-ils ?

MATHURIN.

Ils ont pris la route du Piémont.

ANDRÉ.

Tous deux à cheval ?

MATHURIN.

Oui, Monsieur.

ANDRÉ.

Cela n'est pas possible ; il ne pouvait marcher cette nuit.

MATHURIN.

Cela est vrai, pourtant ; c'est Paolo, le concierge, qui m'a tout avoué.

ANDRÉ.

Lionel! entends-tu, Lionel? Ils partent ensemble pour le Piémont.

LIONEL.

Que dis-tu, André?

ANDRÉ.

Rien! rien! Qu'on me selle un cheval! Allons, vite, il faut que je parte à l'instant. Aussi bien, j'y vais moi-même. Par quelle porte sont-ils sortis?

MATHURIN.

Du côté du fleuve.

ANDRÉ.

Bien, bien; mon manteau! Adieu, Lionel.

LIONEL.

Où vas-tu?

ANDRÉ.

Je ne sais, je ne sais. Ah! des armes! du sang!

LIONEL.

Où vas-tu? réponds!

ANDRÉ.

Quant au roi de France, je l'ai volé. J'irais demain les voir que ce serait toujours la même chose. Ainsi....

Il va sortir et rencontre Damien.

DAMIEN.

Où vas-tu, André?

ANDRÉ.

Ah! tu as raison. La terre se dérobe. O Damien! Damien!

Il tombe évanoui.

LIONEL.

Cette nuit l'a tué. Il n'a pu supporter son malheur.

DAMIEN.

Laissez-moi lui mouiller les tempes.

Il trempe son mouchoir dans une fontaine.

Pauvre ami! comme une nuit l'a changé! Le voilà qui rouvre les yeux.

ANDRÉ.

Ils sont partis, Damien?

DAMIEN.

Que lui dirai-je? Il a donc tout appris?

ANDRÉ.

Ne me mens pas! je ne les poursuivrai point. Mes forces m'ont abandonné. Qu'ai-je voulu faire? J'ai voulu avoir du courage, et je n'en ai point. Maintenant, vous le voyez, je ne puis partir. Laissez-moi parler à cet homme.

MATHURIN, *s'approchant d'André.*

Plaît-il, maître?

ANDRÉ.

Aussi bien, ne suis-je pas déshonoré? Qu'ai-je à faire en ce monde? O lumière du ciel! ô belle nature! Ils s'aiment, ils sont heureux. Comme ils courent joyeux dans la plaine! Leurs chevaux s'animent, et le vent qui passe emporte leurs baisers. La patrie? la patrie? ils n'en ont point ceux qui partent ensemble.

DAMIEN.

Sa main est froide comme le marbre.

ANDRÉ, bas à Mathurin.

Écoute-moi, Mathurin, écoute-moi, et rappelle-toi mes paroles : tu vas prendre un cheval; tu vas aller chez Monna Flora t'informer au juste de la route. Tu lanceras ton cheval au galop. Retiens ce que je te dis. Ne me le fais pas répéter deux fois, je ne le pourrais pas. Tu les rejoindras dans la plaine; tu les aborderas, Mathurin, et tu leur diras : « Pourquoi fuyez-vous si vite? La veuve d'André del Sarto peut épouser Cordiani. »

MATHURIN.

Faut-il dire cela, Monseigneur?

ANDRÉ.

Va, va, ne me fais pas répéter.

Mathurin sort.

LIONEL.

Qu'as-tu dit à cet homme?

ANDRÉ.

Ne l'arrête pas; il va chez la mère de ma femme. Maintenant, qu'on m'apporte ma coupe pleine d'un vin généreux.

LIONEL.

A peine peut-il se soulever.

ANDRÉ.

Menez-moi jusqu'à cette porte, mes amis.

<small>Prenant la coupe.</small>

C'était celle des joyeux repas.

DAMIEN.

Que cherches-tu sur ta poitrine?

ANDRÉ.

Rien! rien! je croyais l'avoir perdu.

<small>Il boit.</small>

A la mort des arts en Italie!

LIONEL.

Arrête! quel est ce flacon dont tu t'es versé quelques gouttes, et qui s'échappe de ta main?

ANDRÉ.

C'est un cordial puissant. Approche-le de tes lèvres, et tu seras guéri, quel que soit le mal dont tu souffres.

<small>Il meurt.</small>

SCÈNE III

Bois et montagnes.

LUCRÈCE et CORDIANI sur une colline.
<small>Les chevaux dans le fond.</small>

CORDIANI.

Allons, le soleil baisse : il est temps de remonter.

LUCRÈCE.

Comme mon cheval s'est cabré en quittant la ville! En vérité, tous ces pressentiments funestes sont singuliers.

CORDIANI.

Je ne veux avoir ni le temps de penser ni le temps de souffrir. Je porte un double appareil sur ma double plaie. Marchons! marchons! n'attendons pas la nuit.

LUCRÈCE.

Quel est ce cavalier qui accourt à toute bride? Depuis longtemps je le vois derrière nous.

CORDIANI.

Montons à cheval, Lucrèce, et ne tournons pas la tête.

LUCRÈCE.

Il approche! il descend à moi.

CORDIANI.

Partons! lève-toi et ne l'écoute pas.

Ils se dirigent vers leurs chevaux.

MATHURIN, *descendant de cheval.*

Pourquoi fuyez-vous si vite? La veuve d'André del Sarto peut épouser Cordiani.

LES
CAPRICES DE MARIANNE

COMÉDIE EN DEUX ACTES

Publiée en 1833, représentée en 1851

PERSONNAGES

CLAUDIO, juge.
CŒLIO.
OCTAVE.
TIBIA, valet de Claudio.
PIPPO, valet de Cœlio.
MALVOLIO, intendant d'Hermia.
UN GARÇON D'AUBERGE.
MARIANNE, femme de Claudio.
HERMIA, mère de Cœlio.
CIUTA, vieille femme.
DOMESTIQUES.

La scène est à Naples.

LES CAPRICES DE MARIANNE
(Acte II, Scène I.)

LES CAPRICES DE MARIANNE

ACTE PREMIER

SCÈNE PREMIÈRE

Une rue devant la maison de Claudio.

MARIANNE, sortant de chez elle un livre de messe à la main ; CIUTA, l'abordant.

CIUTA.
Ma belle dame, puis-je vous dire un mot ?

MARIANNE.
Que me voulez-vous ?

CIUTA.
Un jeune homme de cette ville est éperdument amoureux de vous ; depuis un mois entier il cherche vainement l'occasion de vous l'apprendre ;

son nom est Cœlio : il est d'une noble famille et d'une figure distinguée.

MARIANNE.

En voilà assez. Dites à celui qui vous envoie qu'il perd son temps et sa peine, et que, s'il a l'audace de me faire entendre une seconde fois un pareil langage, j'en instruirai mon mari.

Elle sort.

CŒLIO, entrant.

Eh bien ! Ciuta, qu'a-t-elle dit ?

CIUTA.

Plus dévote et plus orgueilleuse que jamais. Elle instruira son mari, dit-elle, si on la poursuit plus longtemps.

CŒLIO.

Ah ! malheureux que je suis, je n'ai plus qu'à mourir. Ah ! la plus cruelle de toutes les femmes ! Et que me conseilles-tu, Ciuta ? quelle ressource puis-je encore trouver ?

CIUTA.

Je vous conseille d'abord de sortir d'ici, car voici son mari qui la suit.

Ils sortent. — Entrent Claudio et Tibia.

CLAUDIO.

Es-tu mon fidèle serviteur, mon valet de chambre dévoué ? Apprends que j'ai à me venger d'un outrage.

TIBIA.

Vous, Monsieur ?

CLAUDIO.

Moi-même, puisque ces impudentes guitares ne cessent de murmurer sous les fenêtres de ma femme. Mais, patience! tout n'est pas fini. — Écoute un peu de ce côté-ci : voilà du monde qui pourrait nous entendre. Tu m'iras chercher ce soir le spadassin que je t'ai dit.

TIBIA.

Pourquoi faire?

CLAUDIO.

Je crois que Marianne a des amants.

TIBIA.

Vous croyez, Monsieur?

CLAUDIO.

Oui; il y a autour de ma maison une odeur d'amants : personne ne passe naturellement devant ma porte; il y pleut des guitares et des entremetteuses.

TIBIA.

Est-ce que vous pouvez empêcher qu'on donne des sérénades à votre femme?

CLAUDIO.

Non, mais je puis poster un homme derrière la poterne et me débarrasser du premier qui entrera.

TIBIA.

Fi! votre femme n'a pas d'amants. — C'est comme si vous disiez que j'ai des maîtresses.

CLAUDIO.

Pourquoi n'en aurais-tu pas, Tibia ? Tu es fort laid, mais tu as beaucoup d'esprit.

TIBIA.

J'en conviens, j'en conviens.

CLAUDIO.

Regarde, Tibia, tu en conviens toi-même ; il n'en faut plus douter, et mon déshonneur est public.

TIBIA.

Pourquoi public ?

CLAUDIO.

Je te dis qu'il est public.

TIBIA.

Mais, Monsieur, votre femme passe pour un dragon de vertu dans toute la ville : elle ne voit personne ; elle ne sort de chez elle que pour aller à la messe.

CLAUDIO.

Laisse-moi faire. — Je ne me sens pas de colère, après tous les cadeaux qu'elle a reçus de moi. — Oui, Tibia, je machine en ce moment une épouvantable trame, et me sens prêt à mourir de douleur.

TIBIA.

Oh ! que non.

CLAUDIO.

Quand je te dis quelque chose, tu me ferais plaisir de le croire.

Ils sortent.

CŒLIO, rentrant.

Malheur à celui qui, au milieu de la jeunesse, s'abandonne à un amour sans espoir! Malheur à celui qui se livre à une douce rêverie avant de savoir où sa chimère le mène et s'il peut être payé de retour! Mollement couché dans une barque, il s'éloigne peu à peu de la rive; il aperçoit au loin des plaines enchantées, de vertes prairies et le mirage léger de son Eldorado. Les vents l'enchaînent en silence, et, quand la réalité le réveille, il est aussi loin du but où il aspire que du rivage qu'il a quitté : il ne peut plus ni poursuivre sa route ni revenir sur ses pas.

On entend un bruit d'instruments.

Quelle est cette mascarade? N'est-ce pas Octave que j'aperçois?

Entre Octave.

OCTAVE.

Comment se porte, mon bon monsieur, cette gracieuse mélancolie?

CŒLIO.

Octave! ô fou que tu es! tu as un pied de rouge sur les joues. D'où te vient cet accoutrement? N'as-tu pas de honte, en plein jour?

OCTAVE.

O Cœlio! fou que tu es! tu as un pied de blanc sur les joues. — D'où te vient ce large habit noir? N'as-tu pas de honte, en plein carnaval?

CŒLIO.

Quelle vie que la tienne! Ou tu es gris, ou je le suis moi-même.

OCTAVE.

Ou tu es amoureux, ou je le suis moi-même.

CŒLIO.

Plus que jamais de la belle Marianne.

OCTAVE.

Plus que jamais de vin de Chypre.

CŒLIO.

J'allais chez toi quand je t'ai rencontré.

OCTAVE.

Et moi aussi j'allais chez moi. Comment se porte ma maison? Il y a huit jours que je ne l'ai vue.

CŒLIO.

J'ai un service à te demander.

OCTAVE.

Parle, Cœlio, mon cher enfant Veux-tu de l'argent? je n'en ai plus. Veux-tu des conseils? je suis ivre. Veux-tu mon épée? voilà une batte d'arlequin. Parle, parle, dispose de moi.

CŒLIO.

Combien de temps cela durera-t-il? Huit jours hors de chez toi! Tu te tueras, Octave.

OCTAVE.

Jamais de ma propre main, mon ami, jamais; j'aimerais mieux mourir que d'attenter à mes jours.

CŒLIO.

Et n'est-ce pas un suicide comme un autre que la vie que tu mènes?

OCTAVE.

Figure-toi un danseur de corde, en brodequins d'argent, le balancier au poing, suspendu entre le ciel et la terre; à droite et à gauche, de vieilles petites figures racornies, de maigres et pâles fantômes, des créanciers agiles, des parents et des courtisanes; toute une légion de monstres se suspendent à son manteau et le tiraillent de tous côtés pour lui faire perdre l'équilibre; des phrases redondantes, de grands mots enchâssés, cavalcadent autour de lui; une nuée de prédictions sinistres l'aveugle de ses ailes noires. Il continue sa course légère de l'orient à l'occident. S'il regarde en bas, la tête lui tourne; s'il regarde en haut, le pied lui manque. Il va plus vite que le vent, et toutes les mains tendues autour de lui ne lui feront pas renverser une goutte de la coupe joyeuse qu'il porte à la sienne. Voilà ma vie, mon cher ami; c'est ma fidèle image que tu vois.

CŒLIO.

Que tu es heureux d'être fou!

OCTAVE.

Que tu es fou de ne pas être heureux! Dis-moi un peu, toi, qu'est-ce qui te manque?

CŒLIO.

Il me manque le repos, la douce insouciance

qui fait de la vie un miroir où tous les objets se peignent un instant et sur lequel tout glisse. Une dette pour moi est un remords. L'amour, dont vous autres vous faites un passe-temps, trouble ma vie entière. O mon ami, tu ignoreras toujours ce que c'est qu'aimer comme moi! Mon cabinet d'étude est désert; depuis un mois j'erre autour de cette maison la nuit et le jour. Quel charme j'éprouve, au lever de la lune, à conduire sous ces petits arbres, au fond de cette place, mon chœur modeste de musiciens, à marquer moi-même la mesure, à les entendre chanter la beauté de Marianne! Jamais elle n'a paru à sa fenêtre; jamais elle n'est venue appuyer son front charmant sur sa jalousie.

OCTAVE.

Qui est cette Marianne? est-ce que c'est ma cousine?

CŒLIO.

C'est elle-même, la femme du vieux Claudio.

OCTAVE.

Je ne l'ai jamais vue, mais à coup sûr elle est ma cousine. Claudio est fait exprès. Confie-moi tes intérêts, Cœlio.

CŒLIO.

Tous les moyens que j'ai tentés pour lui faire connaître mon amour ont été inutiles. Elle sort du couvent; elle aime son mari et respecte ses devoirs. Sa porte est fermée à tous les jeunes gens de la ville, et personne ne peut l'approcher.

OCTAVE.

Ouais! est-elle jolie? — Sot que je suis : tu l'aimes, cela n'importe guère. Que pourrions-nous imaginer?

CŒLIO.

Faut-il te parler franchement? ne te riras-tu pas de moi?

OCTAVE.

Laisse-moi rire de toi, et parle franchement.

CŒLIO.

En ta qualité de parent, tu dois être reçu dans la maison.

OCTAVE.

Suis-je reçu? Je n'en sais rien. Admettons que je suis reçu. A te dire vrai, il y a une grande différence entre mon auguste famille et une botte d'asperges : nous ne formons pas un faisceau bien serré, et nous ne tenons guère les uns aux autres que par écrit. Cependant Marianne connaît mon nom. Faut-il lui parler en ta faveur?

CŒLIO.

Vingt fois j'ai tenté de l'aborder, vingt fois j'ai senti mes genoux fléchir en approchant d'elle. J'ai été forcé de lui envoyer la vieille Ciuta. Quand je la vois, ma gorge se serre et j'étouffe, comme si mon cœur se soulevait jusqu'à mes lèvres.

OCTAVE.

J'ai éprouvé cela. C'est ainsi qu'au fond des forêts, lorsqu'une biche avance à petits pas sur les feuilles sèches, et que le chasseur entend les bruyères glisser sur ses flancs inquiets comme le frôlement d'une robe légère, les battements de cœur le prennent malgré lui : il soulève son arme en silence, sans faire un pas, sans respirer.

CŒLIO.

Pourquoi donc suis-je ainsi ? N'est-ce pas une vieille maxime, parmi les libertins, que toutes les femmes se ressemblent ? Pourquoi donc y a-t-il si peu d'amours qui se ressemblent ? En vérité, je ne saurais aimer cette femme comme toi, Octave, tu l'aimerais, ou comme j'en aimerais une autre. Qu'est-ce donc pourtant que tout cela ? Deux yeux bleus, deux lèvres vermeilles, une robe blanche et deux blanches mains. Pourquoi ce qui te rendrait joyeux et empressé, ce qui t'attirerait, toi, comme l'aiguille aimantée attire le fer, me rend-il triste et immobile ? Qui pourrait dire : ceci est gai ou triste ? La réalité n'est qu'une ombre. Appelle imagination ou folie ce qui la divinise. — Alors la folie est la beauté elle-même. Chaque homme marche enveloppé d'un réseau transparent qui le couvre de la tête aux pieds : il croit voir des bois et des fleuves, des visages divins, et l'universelle nature se teint sous ses regards des nuances infinies du tissu magique. Octave! Octave! viens à mon secours.

OCTAVE.

J'aime ton amour, Cœlio! il divague dans ta cervelle comme un flacon syracusain. Donne-moi la main; je viens à ton secours. Attends un peu, l'air me frappe au visage, et les idées me reviennent. Je connais cette Marianne; elle me déteste fort sans m'avoir jamais vu. C'est une mince poupée qui marmotte des *Ave* sans fin.

CŒLIO.

Fais ce que tu voudras, mais ne me trompe pas, je t'en conjure; il est aisé de me tromper : je ne sais pas me défier d'une action que je ne voudrais pas faire moi-même.

OCTAVE.

Si tu escaladais les murs?

CŒLIO.

Entre elle et moi est une muraille imaginaire que je n'ai pu escalader.

OCTAVE.

Si tu lui écrivais?

CŒLIO.

Elle déchire mes lettres et me les renvoie.

OCTAVE.

Si tu en aimais une autre? Viens avec moi chez Rosalinde.

CŒLIO.

Le souffle de ma vie est à Marianne; elle peut

d'un mot de ses lèvres l'anéantir ou l'embraser. Vivre pour une autre me serait plus difficile que de mourir pour elle : ou je réussirai, ou je me tuerai. Silence! la voici qui détourne la rue.

OCTAVE.

Retire-toi, je vais l'aborder.

CŒLIO.

Y penses-tu? dans l'équipage où te voilà! Essuie-toi le visage : tu as l'air d'un fou.

OCTAVE.

Voilà qui est fait. L'ivresse et moi, mon cher Cœlio, nous nous sommes trop chers l'un à l'autre pour nous jamais disputer : elle fait mes volontés comme je fais les siennes. N'aie aucune crainte là-dessus; c'est le fait d'un étudiant en vacance, qui se grise un jour de grand dîner, de perdre la tête et de lutter avec le vin; moi, mon caractère est d'être ivre, ma façon de penser est de me laisser faire, et je parlerais au roi en ce moment, comme je vais parler à ta belle.

CŒLIO.

Je ne sais ce que j'éprouve. — Non, ne lui parle pas.

OCTAVE.

Pourquoi?

CŒLIO.

Je ne puis dire pourquoi; il me semble que tu vas me tromper.

OCTAVE.

Touche là. Je te jure sur mon honneur que Marianne sera à toi, ou à personne au monde, tant que j'y pourrai quelque chose.

Cœlio sort. — Entre Marianne. Octave l'aborde.

OCTAVE.

Ne vous détournez pas, princesse de beauté; laissez tomber vos regards sur le plus indigne de vos serviteurs.

MARIANNE.

Qui êtes-vous?

OCTAVE.

Mon nom est Octave; je suis cousin de votre mari.

MARIANNE.

Venez-vous pour le voir? Entrez au logis, il va revenir.

OCTAVE.

Je ne viens pas pour le voir, et n'entrerai point au logis, de peur que vous ne m'en chassiez tout à l'heure, quand je vous aurai dit ce qui m'amène.

MARIANNE.

Dispensez-vous donc de le dire et de m'arrêter plus longtemps.

OCTAVE.

Je ne saurais m'en dispenser, et vous supplie de vous arrêter pour l'entendre. Cruelle Marianne! vos yeux ont causé bien du mal, et vos paroles ne sont pas faites pour le guérir. Que vous avait fait Cœlio ?

MARIANNE.

De qui parlez-vous, et quel mal ai-je causé ?

OCTAVE.

Un mal le plus cruel de tous, car c'est un mal sans espérance; le plus terrible, car c'est un mal qui se chérit lui-même et repousse la coupe salutaire jusque dans la main de l'amitié; un mal qui fait pâlir les lèvres sous des poisons plus doux que l'ambroisie, et qui fond en une pluie de larmes le cœur le plus dur, comme la perle de Cléopâtre; un mal que tous les aromates, toute la science humaine, ne sauraient soulager, et qui se nourrit du vent qui passe, du parfum d'une rose fanée, du refrain d'une chanson, et qui suce l'éternel aliment de ses souffrances dans tout ce qui l'entoure, comme une abeille son miel dans tous les buissons d'un jardin.

MARIANNE.

Me direz-vous le nom de ce mal ?

OCTAVE.

Que celui qui est digne de le prononcer vous le dise; que les rêves de vos nuits, que ces orangers verts, cette fraîche cascade, vous l'apprennent; que vous puissiez le chercher un beau soir : vous le trouverez sur vos lèvres; son nom n'existe pas sans lui.

MARIANNE.

Est-il si dangereux à dire, si terrible dans sa contagion, qu'il effraye une langue qui plaide en sa faveur?

OCTAVE.

Est-il si doux à entendre, cousine, que vous le demandiez? Vous l'avez appris à Cœlio.

MARIANNE.

C'est donc sans le vouloir : je ne connais ni l'un ni l'autre.

OCTAVE.

Que vous les connaissiez ensemble, et que vous ne les sépariez jamais, voilà le souhait de mon cœur.

MARIANNE.

En vérité?

OCTAVE.

Cœlio est le meilleur de mes amis ; si je voulais vous faire envie, je vous dirais qu'il est beau comme le jour, jeune, noble, et je ne mentirais pas ; mais je ne veux que vous faire pitié, et je vous dirai qu'il est triste comme la mort depuis le jour où il vous a vue.

MARIANNE.

Est-ce ma faute s'il est triste?

OCTAVE.

Est-ce sa faute si vous êtes belle? Il ne pense qu'à vous ; à toute heure il rôde autour de cette maison. N'avez-vous jamais entendu chanter sous vos fenêtres? N'avez-vous jamais soulevé à minuit cette jalousie et ce rideau?

MARIANNE.

Tout le monde peut chanter le soir, et cette place appartient à tout le monde.

OCTAVE.

Tout le monde aussi peut vous aimer, mais personne ne peut vous le dire. Quel âge avez-vous, Marianne?

MARIANNE.

Voilà une jolie question! Et si je n'avais que dix-neuf ans, que voudriez-vous que j'en pense?

OCTAVE.

Vous avez donc encore cinq ou six ans pour être aimée, huit ou dix pour aimer vous-même, et le reste pour prier Dieu.

MARIANNE.

Vraiment? Eh bien! pour mettre le temps à profit, j'aime Claudio, votre cousin et mon mari.

OCTAVE.

Mon cousin et votre mari ne feront jamais à eux deux qu'un pédant de village; vous n'aimez point Claudio.

MARIANNE.

Ni Cœlio; vous pouvez le lui dire.

OCTAVE.

Pourquoi?

MARIANNE.

Pourquoi n'aimerais-je pas Claudio? C'est mon mari.

OCTAVE.

Pourquoi n'aimeriez-vous pas Cœlio? C'est votre amant.

MARIANNE.

Me direz-vous aussi pourquoi je vous écoute? Adieu, seigneur Octave; voilà une plaisanterie qui a duré assez longtemps.

Elle sort.

OCTAVE.

Ma foi, ma foi! elle a de beaux yeux.

Il sort.

SCÈNE II

La maison de Cœlio.

HERMIA, Plusieurs Domestiques, MALVOLIO.

HERMIA.

Disposez ces fleurs comme je vous l'ai ordonné. A-t-on dit aux musiciens de venir?

UN DOMESTIQUE.

Oui, Madame, ils seront ici à l'heure du souper.

HERMIA.

Ces jalousies fermées sont trop sombres; qu'on laisse entrer le jour sans laisser entrer le soleil. —

Plus de fleurs autour de ce lit. Le souper est-il bon ? Aurons-nous notre belle voisine, la comtesse Pergoli ? A quelle heure est sorti mon fils ?

MALVOLIO.

Pour être sorti, il faudrait d'abord qu'il fût rentré. Il a passé la nuit dehors.

HERMIA.

Vous ne savez ce que vous dites. — Il a soupé hier avec moi, et m'a ramenée ici. À-t-on fait porter dans le cabinet d'étude le tableau que j'ai acheté ce matin ?

MALVOLIO.

Du vivant de son père, il n'en aurait pas été ainsi. Ne dirait-on pas que notre maîtresse a dix-huit ans, et qu'elle attend son sigisbée !

HERMIA.

Mais, du vivant de sa mère, il en est ainsi, Malvolio. Qui vous a chargé de veiller sur sa conduite ? Songez-y : que Cœlio ne rencontre pas sur son passage un visage de mauvais augure ; qu'il ne vous entende pas grommeler entre vos dents, comme un chien de basse-cour à qui l'on dispute l'os qu'il veut ronger, ou, par le Ciel ! pas un de vous ne passera la nuit sous ce toit.

MALVOLIO.

Je ne grommelle rien ; ma figure n'est pas un mauvais présage : vous me demandez à quelle heure est sorti mon maître, et je vous réponds qu'il n'est pas rentré. Depuis qu'il a l'amour en tête, on ne le voit pas quatre fois la semaine.

HERMIA.

Pourquoi ces livres sont-ils couverts de poussière? Pourquoi ces meubles sont-ils en désordre? Pourquoi faut-il que je mette ici la main à tout, si je veux obtenir quelque chose? Il vous appartient bien de lever les yeux sur ce qui ne vous regarde pas, lorsque votre ouvrage est à moitié fait et que les soins dont on vous charge retombent sur les autres! Allez, et retenez votre langue.

Entre Cœlio.

Eh bien! mon cher enfant, quels seront vos plaisirs aujourd'hui?

Les domestiques se retirent.

CŒLIO.

Les vôtres, ma mère.
Il s'assoit.

HERMIA.

Eh quoi! les plaisirs communs, et non les peines communes? C'est un partage injuste, Cœlio. Ayez des secrets pour moi, mon enfant, mais non pas de ceux qui vous rongent le cœur et vous rendent insensible à tout ce qui vous entoure.

CŒLIO.

Je n'ai pas de secret, et plût à Dieu, si j'en avais, qu'ils fussent de nature à faire de moi une statue!

HERMIA.

Quand vous aviez dix ou douze ans, toutes vos peines, tous vos petits chagrins, se rattachaient à moi ; d'un regard sévère ou indulgent de ces yeux que voilà dépendait la tristesse ou la joie des vôtres, et votre petite tête blonde tenait par un fil bien délié au cœur de votre mère. Maintenant, mon enfant, je ne suis plus qu'une vieille sœur, incapable peut-être de soulager vos ennuis, mais non pas de les partager.

CŒLIO.

Et vous aussi, vous avez été belle ! Sous ces cheveux argentés qui ombragent votre noble front, sous ce long manteau qui vous couvre, l'œil reconnaît encore le port majestueux d'une reine et les formes gracieuses d'une Diane chasseresse. O ma mère ! vous avez inspiré l'amour ! Sous vos fenêtres entr'ouvertes a murmuré le son de la guitare ; sur ces places bruyantes, dans le tourbillon de ces fêtes, vous avez promené une insouciante et superbe jeunesse ; vous n'avez point aimé ; un parent de mon père est mort d'amour pour vous.

HERMIA.

Quel souvenir me rappelles-tu ?

CŒLIO.

Ah ! si votre cœur peut en supporter la tristesse, si ce n'est pas vous demander des larmes, racontez-moi cette aventure, ma mère, faites-m'en connaître les détails.

HERMIA.

Votre père ne m'avait jamais vue alors. Il se chargea, comme allié de ma famille, de faire agréer la demande du jeune Orsini, qui voulait m'épouser. Il fut reçu comme le méritait son rang par votre grand-père, et admis dans son intimité. Orsini était un excellent parti, et cependant je le refusai. Votre père, en plaidant pour lui, avait tué dans mon cœur le peu d'amour qu'il m'avait inspiré pendant deux mois d'assiduités constantes. Je n'avais pas soupçonné la force de sa passion pour moi. Lorsqu'on lui apporta ma réponse, il tomba, privé de connaissance, dans les bras de votre père. Cependant une longue absence, un voyage qu'il entreprit alors, et dans lequel il augmenta sa fortune, devaient avoir dissipé ses chagrins. Votre père changea de rôle, et demanda pour lui ce qu'il n'avait pu obtenir pour Orsini. Je l'aimais d'un amour sincère, et l'estime qu'il avait inspirée à mes parents ne me permit pas d'hésiter. Le mariage fut décidé le jour même, et l'église s'ouvrit pour nous quelques semaines après. Orsini revint à cette époque. Il vint trouver votre père, l'accabla de reproches, l'accusa d'avoir trahi sa confiance et d'avoir causé le refus qu'il avait essuyé. « Du reste, ajouta-t-il, si vous avez désiré ma perte, vous serez satisfait. » Épouvanté de ces paroles, votre père vint trouver le mien, et lui demander son témoignage pour désabuser Orsini. — Hélas! il n'était plus temps : on trouva dans sa chambre le pauvre jeune homme traversé de part en part de plusieurs coups d'épée.

SCÈNE III

Le jardin de Claudio.

CLAUDIO et TIBIA, entrant.

CLAUDIO.

Tu as raison, et ma femme est un trésor de pureté. Que te dirai-je de plus? c'est une vertu solide.

TIBIA.

Vous croyez, Monsieur?

CLAUDIO.

Peut-elle empêcher qu'on ne chante sous ses croisées? Les signes d'impatience qu'elle peut donner dans son intérieur sont les suites de son caractère. As-tu remarqué que sa mère, lorsque j'ai touché cette corde, a été tout d'un coup du même avis que moi?

TIBIA.

Relativement à quoi?

CLAUDIO.

Relativement à ce qu'on chante sous ses croisées.

TIBIA.

Chanter n'est pas un mal, je fredonne moi-même à tout moment.

CLAUDIO.

Mais bien chanter est difficile.

TIBIA.

Difficile pour vous et pour moi, qui, n'ayant pas reçu de voix de la nature, ne l'avons jamais cultivée; mais voyez comme ces acteurs de théâtre s'en tirent habilement.

CLAUDIO.

Ces gens-là passent leur vie sur les planches.

TIBIA.

Combien croyez-vous qu'on puisse donner par an?

CLAUDIO.

A qui? à un juge de paix?

TIBIA.

Non, à un chanteur.

CLAUDIO.

Je n'en sais rien. — On donne à un juge de paix le tiers de ce que vaut ma charge. Les conseillers de justice ont moitié.

TIBIA.

Si j'étais juge en cour royale et que ma femme eût des amants, je les condamnerais moi-même.

CLAUDIO.

A combien d'années de galère?

TIBIA.

A la peine de mort. Un arrêt de mort est une chose superbe à lire à haute voix.

CLAUDIO.

Ce n'est pas le juge qui le lit, c'est le greffier.

TIBIA.

Le greffier de votre tribunal a une jolie femme.

CLAUDIO.

Non, c'est le président qui a une jolie femme; j'ai soupé hier avec eux.

TIBIA.

Le greffier aussi. Le spadassin qui va venir ce soir est l'amant de la femme du greffier.

CLAUDIO.

Quel spadassin?

TIBIA.

Celui que vous avez demandé.

CLAUDIO.

Il est inutile qu'il vienne après ce que je t'ai dit tout à l'heure.

TIBIA.

A quel sujet?

CLAUDIO.

Au sujet de ma femme.

TIBIA.

La voici qui vient elle-même.

Entre Marianne.

MARIANNE.

Savez-vous ce qui m'arrive pendant que vous courez les champs? J'ai reçu la visite de votre cousin.

CLAUDIO.

Qui cela peut-il être? Nommez-le par son nom.

MARIANNE.

Octave, qui m'a fait une déclaration d'amour de la part de son ami Cœlio. Qui est ce Cœlio? Connaissez-vous cet homme? Trouvez bon que ni lui ni Octave ne mettent les pieds dans cette maison.

CLAUDIO.

Je le connais : c'est le fils d'Hermia, notre voisine. Qu'avez-vous répondu à cela?

MARIANNE.

Il ne s'agit pas de ce que j'ai répondu. Comprenez-vous ce que je dis? Donnez ordre à vos gens qu'ils ne laissent entrer ni cet homme ni son ami. Je m'attends à quelque importunité de leur part, et je suis bien aise de l'éviter.

Elle sort.

CLAUDIO.

Que penses-tu de cette aventure, Tibia? Il y a quelque ruse là-dessous.

TIBIA.

Vous croyez, Monsieur?

CLAUDIO.

Pourquoi n'a-t-elle pas voulu dire ce qu'elle a répondu? La déclaration est impertinente, il est vrai; mais la réponse mérite d'être connue. J'ai le soupçon que ce Cœlio est l'ordonnateur de toutes ces guitares.

TIBIA.

Défendre votre porte à ces deux hommes est un moyen excellent de les éloigner.

CLAUDIO.

Rapporte-t'en à moi. — Il faut que je fasse part de ma découverte à ma belle-mère. J'imagine que ma femme me trompe, et que toute cette fable est une pure invention pour me faire prendre le change et troubler entièrement mes idées.

Ils sortent.

ACTE II

SCÈNE PREMIÈRE

Une rue.

OCTAVE et CIUTA entrent.

OCTAVE.

Il y renonce, dites-vous?

CIUTA.

Hélas! pauvre jeune homme! il aime plus que jamais, et sa mélancolie se trompe elle-même sur les désirs qui la nourrissent. Je croirais presque qu'il se défie de vous, de moi, de tout ce qui l'entoure.

OCTAVE.

Non, de par le Ciel! je n'y renoncerai pas; je me sens moi-même une autre Marianne, et il y a du plaisir à être entêté. Ou Cœlio réussira, ou j'y perdrai ma langue.

CIUTA.

Agirez-vous contre sa volonté?

OCTAVE.

Oui, pour agir d'après la mienne, qui est sa sœur aînée, et pour envoyer aux enfers messer Claudio le juge, que je déteste, méprise et abhorre depuis les pieds jusqu'à la tête.

CIUTA.

Je lui porterai donc votre réponse, et, quant à moi, je cesse de m'en mêler.

OCTAVE.

Je suis comme un homme qui tient la banque d'un pharaon pour le compte d'un autre, et qui a la veine contre lui ; il noierait plutôt son meilleur ami que de céder, et la colère de perdre avec l'argent d'autrui l'enflamme cent fois plus que ne le ferait sa propre ruine.

Entre Cœlio.

Comment, Cœlio, tu abandonnes la partie?

CŒLIO.

Que veux-tu que je fasse?

OCTAVE.

Te défies-tu de moi? Qu'as-tu? te voilà pâle comme la neige. — Que se passe-t-il en toi?

CŒLIO.

Pardonne-moi, pardonne-moi! Fais ce que tu voudras ; va trouver Marianne. — Dis-lui que me tromper, c'est me donner la mort, et que ma vie est dans ses yeux.

Il sort.

OCTAVE.

Par le Ciel! voilà qui est étrange!

CIUTA.

Silence! vêpres sonnent; la grille du jardin vient de s'ouvrir; Marianne sort. — Elle approche lentement.

Ciuta se retire. — Entre Marianne.

OCTAVE.

Belle Marianne, vous dormirez tranquillement. — Le cœur de Cœlio est à une autre, et ce n'est plus sous vos fenêtres qu'il donnera ses sérénades.

MARIANNE.

Quel dommage et quel grand malheur de n'avoir pu partager un amour comme celui-là! Voyez comme le hasard me contrarie! Moi qui allais l'aimer.

OCTAVE.

En vérité!

MARIANNE.

Oui, sur mon âme, ce soir ou demain matin, dimanche au plus tard, je lui appartenais. Qui pourrait ne pas réussir avec un ambassadeur tel que vous? Il faut croire que sa passion pour moi était quelque chose comme du chinois ou de l'arabe, puisqu'il lui fallait un interprète, et qu'elle ne pouvait s'expliquer toute seule.

OCTAVE.

Raillez, raillez, nous ne vous craignons plus.

MARIANNE.

Ou peut-être que cet amour n'était encore qu'un pauvre enfant à la mamelle, et vous, comme une sage nourrice, en le menant à la lisière, vous l'aurez laissé tomber la tête la première en le promenant par la ville.

OCTAVE.

La sage nourrice s'est contentée de lui faire boire d'un certain lait que la vôtre vous a versé sans doute, et généreusement; vous en avez encore sur les lèvres une goutte qui se mêle à toutes vos paroles.

MARIANNE.

Comment s'appelle ce lait merveilleux?

OCTAVE.

L'indifférence. Vous ne pouvez ni aimer ni haïr, et vous êtes comme les roses du Bengale, Marianne, sans épines et sans parfum.

MARIANNE.

Bien dit. Avez-vous préparé d'avance cette comparaison? Si vous ne brûlez pas le brouillon de vos harangues, donnez-le-moi, de grâce, que je les apprenne à ma perruche.

OCTAVE.

Qu'y trouvez-vous qui puisse vous blesser? Une fleur sans parfum n'en est pas moins belle : bien au contraire, ce sont les plus belles que Dieu a faites ainsi; et le jour où, comme une Galatée d'une nouvelle espèce, vous deviendrez de marbre au fond de quelque église, ce sera une charmante statue que vous ferez, et qui ne laissera pas que de trouver quelque niche respectable dans un confessionnal.

MARIANNE.

Mon cher cousin, est-ce que vous ne plaignez pas le sort des femmes? Voyez un peu ce qui m'arrive : il est décrété par le sort que Cœlio m'aime, ou qu'il croit m'aimer, lequel Cœlio le dit à ses amis, lesquels amis décrètent à leur tour que, sous peine de mort, je serai sa maîtresse. La jeunesse napolitaine daigne m'envoyer en votre personne un digne représentant, chargé de me faire savoir que j'aie à aimer ledit seigneur Cœlio d'ici à une huitaine de jours. Pesez cela, je vous en prie. Si je me rends, que dira-t-on de moi? N'est-ce pas une femme bien abjecte que celle qui obéit, à point nommé, à l'heure convenue, à une pareille proposition? Ne va-t-on pas la déchirer à belles dents, la montrer au doigt, et faire de son nom le refrain d'une chanson à boire? Si elle refuse, au contraire, est-il un monstre qui lui soit comparable? Est-il une statue plus froide qu'elle? et l'homme qui lui parle, qui ose l'arrêter en place publique son livre de messe à la main, n'a-t-il pas le droit de lui dire : « Vous êtes une rose du Bengale sans épines et sans parfum »?

OCTAVE.

Cousine, cousine, ne vous fâchez pas.

MARIANNE.

N'est-ce pas une chose bien ridicule que l'honnêteté et la foi jurée? que l'éducation d'une fille, la fierté d'un cœur qui s'est figuré qu'il vaut quelque chose, et qu'avant de jeter au vent la poussière de sa fleur chérie, il faut que le calice en soit baigné de larmes, épanoui par quelques rayons du soleil, entr'ouvert par une main délicate? Tout cela n'est-il pas un rêve, une bulle de savon qui, au premier soupir d'un cavalier à la mode, doit s'évaporer dans les airs?

OCTAVE.

Vous vous méprenez sur mon compte et sur celui de Cœlio.

MARIANNE.

Qu'est-ce après tout qu'une femme? L'occupation d'un moment, une coupe fragile qui renferme une goutte de rosée, qu'on porte à ses lèvres et qu'on jette par-dessus son épaule. Une femme! c'est une partie de plaisir! Ne pourrait-on pas dire, quand on en rencontre une : « Voilà une belle nuit qui passe? » Et ne serait-ce pas un grand écolier en de telles matières que celui qui baisserait les yeux devant elle, qui se dirait tout bas : « Voilà peut-être le bonheur d'une vie entière », et qui la laisserait passer?

Elle sort.

OCTAVE, seul.

Tra, tra, poum, poum! tra deri la la! Quelle drôle de petite femme! Hai! holà!

Il frappe à une auberge.

Apportez-moi ici, sous cette tonnelle, une bouteille de quelque chose.

LE GARÇON.

Ce qui vous plaira, Excellence. Voulez-vous du lacryma-christi?

OCTAVE.

Soit, soit. Allez-vous-en un peu chercher dans les rues d'alentour le seigneur Cœlio, qui porte un manteau noir et des culottes plus noires encore. Vous lui direz qu'un de ses amis est là qui boit tout seul du lacryma-christi. Après quoi vous irez à la grande place, et vous m'apporterez une certaine Rosalinde qui est rousse et qui est toujours à sa fenêtre.

Le garçon sort.

Je ne sais ce que j'ai dans la gorge; je suis triste comme une procession.

Buvant.

Je ferai aussi bien de dîner ici; voilà le jour qui baisse. Drig! drig! quel ennui que ces vêpres! Est-ce que j'ai envie de dormir? Je me sens tout pétrifié.

Entrent Claudio et Tibia.

Cousin Claudio, vous êtes un beau juge; où allez-vous si couramment?

CLAUDIO.

Qu'entendez-vous par là, seigneur Octave?

OCTAVE.

J'entends que vous êtes un magistrat qui a de belles formes.

CLAUDIO.

De langage ou de complexion?

OCTAVE.

De langage, de langage. Votre perruque est pleine d'éloquence, et vos jambes sont deux charmantes parenthèses.

CLAUDIO.

Soit dit en passant, seigneur Octave, le marteau de ma porte m'a tout l'air de vous avoir brûlé les doigts.

OCTAVE.

En quelle façon, juge plein de science?

CLAUDIO.

En y voulant frapper, cousin plein de finesse.

OCTAVE.

Ajoute hardiment plein de respect, juge, pour le marteau de ta porte; mais tu peux le faire peindre à neuf, sans que je craigne de m'y salir les doigts.

CLAUDIO.

En quelle façon, cousin plein de facéties?

OCTAVE.

En n'y frappant jamais, juge plein de causticité.

CLAUDIO.

Cela vous est pourtant arrivé, puisque ma femme a enjoint à ses gens de vous fermer la porte au nez à la première occasion.

OCTAVE.

Tes lunettes sont myopes, juge plein de grâce; tu te trompes d'adresse dans ton compliment.

CLAUDIO.

Mes lunettes sont excellentes, cousin plein de riposte; n'as-tu pas fait à ma femme une déclaration amoureuse?

OCTAVE.

A quelle occasion, subtil magistrat?

CLAUDIO.

A l'occasion de ton ami Cœlio, cousin; malheureusement j'ai tout entendu.

OCTAVE.

Par quelle oreille, sénateur incorruptible?

CLAUDIO.

Par celle de ma femme, qui m'a tout raconté, godelureau chéri.

OCTAVE.

Tout absolument, époux idolâtré? Rien n'est resté dans cette charmante oreille?

CLAUDIO.

Il y est resté sa réponse, charmant pilier de cabaret, que je suis chargé de te faire.

OCTAVE.

Je ne suis pas chargé de l'entendre, cher procès-verbal.

CLAUDIO.

Ce sera donc ma porte en personne qui te la fera, aimable croupier de roulette, si tu t'avises de la consulter.

OCTAVE.

C'est ce dont je ne me soucie guère, chère sentence de mort; je vivrai heureux sans cela.

CLAUDIO.

Puisses-tu le faire en repos, cher cornet de passe-dix! je te souhaite mille prospérités.

OCTAVE.

Rassure-toi sur ce sujet, cher verrou de prison! je dors tranquille comme une audience.

Sortent Claudio et Tibia.

OCTAVE, seul.

Il me semble que voilà Cœlio qui s'avance de ce côté. Cœlio! Cœlio! A qui diable en a-t-il?

Entre Cœlio.

Sais-tu, mon cher ami, le beau tour que nous joue ta princesse? Elle a tout dit à son mari.

CŒLIO.

Comment le sais-tu?

OCTAVE.

Par la meilleure de toutes les voies possible. Je quitte à l'instant Claudio. Marianne nous fera fermer la porte au nez si nous nous avisons de l'importuner davantage.

CŒLIO.

Tu l'as vue tout à l'heure; que t'avait-elle dit?

OCTAVE.

Rien qui pût me faire pressentir cette douce nouvelle; rien d'agréable cependant. Tiens, Cœlio, renonce à cette femme. Holà! un second verre!

CŒLIO.

Pour qui?

OCTAVE.

Pour toi. Marianne est une bégueule; je ne sais trop ce qu'elle m'a dit ce matin, je suis resté comme une brute sans pouvoir lui répondre. Allons! n'y pense plus, voilà qui est convenu; et que le Ciel m'écrase si je lui adresse jamais la parole! Du courage, Cœlio, n'y pense plus.

CŒLIO.

Adieu, mon cher ami.

OCTAVE.

Où vas-tu?

CŒLIO.

J'ai affaire en ville ce soir.

OCTAVE.

Tu as l'air d'aller te noyer. Voyons, Cœlio, à quoi penses-tu? Il y a d'autres Mariannes sous le ciel. Soupons ensemble, et moquons-nous de cette Marianne-là.

CŒLIO.

Adieu, adieu, je ne puis m'arrêter plus longtemps. Je te verrai demain, mon ami.

Il sort.

OCTAVE.

Cœlio! Écoute donc! nous te trouverons une Marianne bien gentille, douce comme un agneau, et n'allant point à vêpres surtout! Ah! les maudites cloches! quand auront-elles fini de me mener en terre?

LE GARÇON, *rentrant*.

Monsieur, la demoiselle rousse n'est point à sa fenêtre; elle ne peut se rendre à votre invitation.

OCTAVE.

La peste soit de tout l'univers! Est-il donc décidé que je souperai seul aujourd'hui? La nuit arrive en poste; que diable vais-je devenir? Bon! bon! ceci me convient.

Il boit.

Je suis capable d'ensevelir ma tristesse dans ce vin, ou du moins ce vin dans ma tristesse. Ah! ah! les vêpres sont finies; voici Marianne qui revient.

Entre Marianne.

MARIANNE.

Encore ici, seigneur Octave? et déjà à table? C'est un peu triste de s'enivrer tout seul.

OCTAVE.

Le monde entier m'abandonne; je tâche d'y

voir double, afin de me servir à moi-même de compagnie.

MARIANNE.

Comment! pas un de vos amis, pas une de vos maîtresses qui vous soulage de ce fardeau terrible, la solitude?

OCTAVE.

Faut-il vous dire ma pensée? J'avais envoyé chercher une certaine Rosalinde, qui me sert de maîtresse; elle soupe en ville comme une personne de qualité.

MARIANNE.

C'est une fâcheuse affaire sans doute, et votre cœur en doit ressentir un vide effroyable.

OCTAVE.

Un vide que je ne saurais exprimer, et que je communique en vain à cette large coupe. Le carillon des vêpres m'a fendu le crâne pour toute l'après-dînée.

MARIANNE.

Dites-moi, cousin, est-ce du vin à quinze sous la bouteille que vous buvez?

OCTAVE.

N'en riez pas : ce sont les larmes du Christ en personne.

MARIANNE.

Cela m'étonne que vous ne buviez pas du vin à quinze sous; buvez-en, je vous en supplie.

OCTAVE.
Pourquoi en boirais-je, s'il vous plaît ?

MARIANNE.
Goûtez-en ; je suis sûre qu'il n'y a aucune différence avec celui-là.

OCTAVE.
Il y en a une aussi grande qu'entre le soleil et une lanterne.

MARIANNE.
Non, vous dis-je, c'est la même chose.

OCTAVE.
Dieu m'en préserve ! Vous moquez-vous de moi ?

MARIANNE.
Vous trouvez qu'il y a une grande différence ?

OCTAVE.
Assurément.

MARIANNE.
Je croyais qu'il en était du vin comme des femmes. Une femme n'est-elle pas aussi un vase précieux, scellé comme ce flacon de cristal ? Ne renferme-t-elle pas une ivresse grossière ou divine, selon sa force et sa valeur ? Et n'y a-t-il pas parmi elles le vin du peuple et les larmes du Christ ? Quel misérable cœur est-ce donc que le vôtre, pour que vos lèvres lui fassent la leçon ? Vous ne boiriez pas le vin que boit le peuple, vous aimez les femmes qu'il aime ; l'esprit généreux et poétique de ce flacon doré, ces sucs mer-

veilleux que la lave du Vésuve a cuvés sous un ardent soleil, vous conduiront chancelant et sans force dans les bras d'une fille de joie; vous rougiriez de boire un vin grossier; votre gorge se soulèverait. Ah! vos lèvres sont délicates, mais votre cœur s'enivre à bon marché. Bonsoir, cousin; puisse Rosalinde rentrer ce soir chez elle!

OCTAVE.

Deux mots, de grâce, belle Marianne, et ma réponse sera courte. Combien de temps pensez-vous qu'il faille faire la cour à la bouteille que vous voyez pour obtenir ses faveurs? Elle est, comme vous dites, toute pleine d'un esprit céleste, et le vin du peuple lui ressemble aussi peu qu'un paysan ressemble à son seigneur. Cependant, regardez comme elle se laisse faire! — Elle n'a reçu, j'imagine, aucune éducation, elle n'a aucun principe; voyez comme elle est bonne fille! Un mot a suffi pour la faire sortir du couvent; toute poudreuse encore, elle s'en est échappée pour me donner un quart d'heure d'oubli, et mourir. Sa couronne virginale, empourprée de cire odorante, est aussitôt tombée en poussière, et, je ne puis vous le cacher, elle a failli passer tout entière sur mes lèvres dans la chaleur de son premier baiser.

MARIANNE.

Êtes-vous sûr qu'elle en vaut davantage? Et si vous êtes un de ses vrais amants, n'iriez-vous pas, si la recette en était perdue, en chercher la dernière goutte jusque dans la bouche du volcan?

OCTAVE.

Elle n'en vaut ni plus ni moins. Elle sait qu'elle est bonne à boire et qu'elle est faite pour être bue. Dieu n'en a pas caché la source au sommet d'un pic inabordable, au fond d'une caverne profonde; il l'a suspendue en grappes dorées au bord de nos chemins; elle y fait le métier des courtisanes; elle y effleure la main du passant; elle y étale aux rayons du soleil sa gorge rebondie, et toute une cour d'abeilles et de frelons murmure autour d'elle matin et soir. Le voyageur dévoré de soif peut se coucher sous ses rameaux verts; jamais elle ne l'a laissé languir, jamais elle ne lui a refusé les douces larmes dont son cœur est plein. Ah! Marianne, c'est un don fatal que la beauté! — La sagesse dont elle se vante est sœur de l'avarice, et il y a plus de miséricorde dans le Ciel pour ses faiblesses que pour sa cruauté. Bonsoir, cousine; puisse Cœlio vous oublier!

Il entre dans l'auberge, Marianne dans sa maison.

SCÈNE II

Une autre rue.

CŒLIO, CIUTA.

CIUTA.

Seigneur Cœlio, défiez-vous d'Octave. Ne vous a-t-il pas dit que la belle Marianne lui avait fermé sa porte?

CŒLIO.

Assurément. — Pourquoi m'en défierais-je?

CIUTA.

Tout à l'heure, en passant dans sa rue, je l'ai vu en conversation avec elle sous une tonnelle couverte.

CŒLIO.

Qu'y a-t-il d'étonnant à cela? Il aura épié ses démarches et saisi un moment favorable pour lui parler de moi.

CIUTA.

J'entends qu'ils se parlaient amicalement et comme des gens qui sont de bon accord ensemble.

CŒLIO.

En es-tu sûre, Ciuta? Alors je suis le plus heureux des hommes: il aura plaidé ma cause avec chaleur.

CIUTA.
Puisse le Ciel vous favoriser!

Elle sort.

CŒLIO.
Ah! que je fusse né dans le temps des tournois et des batailles! Qu'il m'eût été permis de porter les couleurs de Marianne et de les teindre de mon sang! Qu'on m'eût donné un rival à combattre, une armée entière à défier! Que le sacrifice de ma vie eût pu lui être utile! Je sais agir, mais je ne puis parler. Ma langue ne sert point mon cœur, et je mourrai sans m'être fait comprendre, comme un muet dans une prison.

Il sort.

SCÈNE III

Chez Claudio.

CLAUDIO, MARIANNE.

CLAUDIO.
Pensez-vous que je sois un mannequin, et que je me promène sur la terre pour servir d'épouvantail aux oiseaux?

MARIANNE.
D'où vous vient cette gracieuse idée?

CLAUDIO.
Pensez-vous qu'un juge criminel ignore la va-

leur des mots, et qu'on puisse se jouer de sa crédulité comme de celle d'un danseur ambulant?

MARIANNE.

A qui en avez-vous ce soir?

CLAUDIO.

Pensez-vous que je n'ai pas entendu vos propres paroles : « Si cet homme ou son ami se présente à ma porte, qu'on la lui fasse fermer » ? et croyez-vous que je trouve convenable de vous voir converser librement avec lui sous une tonnelle, lorsque le soleil est couché?

MARIANNE.

Vous m'avez vue sous une tonnelle?

CLAUDIO.

Oui, oui, de ces yeux que voilà, sous la tonnelle d'un cabaret : la tonnelle d'un cabaret n'est point un lieu de conversation pour la femme d'un magistrat, et il est inutile de faire fermer sa porte quand on se renvoie le dé en plein air avec si peu de retenue.

MARIANNE.

Depuis quand m'est-il défendu de causer avec un de vos parents?

CLAUDIO.

Quand un de mes parents est un de vos amants, il est fort bien fait de s'en abstenir.

MARIANNE.

Octave! un de mes amants? Perdez-vous la tête? Il n'a de sa vie fait la cour à personne.

CLAUDIO.

Son caractère est vicieux. — C'est un coureur de tabagies.

MARIANNE.

Raison de plus pour qu'il ne soit pas, comme vous dites fort agréablement, *un de mes amants*. Il me plaît de parler à Octave sous la tonnelle d'un cabaret.

CLAUDIO.

Ne me poussez pas à quelque fâcheuse extrémité par vos extravagances, et réfléchissez à ce que vous faites.

MARIANNE.

A quelle extrémité voulez-vous que je vous pousse? Je suis curieuse de savoir ce que vous feriez.

CLAUDIO.

Je vous défendrais de le voir, et d'échanger avec lui aucune parole, soit dans ma maison, soit dans une maison tierce, soit en plein air.

MARIANNE.

Ah! ah! vraiment, voilà qui est nouveau! Octave est mon parent tout autant que le vôtre; je prétends lui parler quand bon me semblera, en plein air ou ailleurs, et dans cette maison, s'il lui plaît d'y venir.

CLAUDIO.

Souvenez-vous de cette dernière phrase que

vous venez de prononcer. Je vous ménage un châtiment exemplaire si vous allez contre ma volonté.

MARIANNE.

Trouvez bon que j'aille d'après la mienne, et ménagez-moi ce qui vous plaît. Je m'en soucie comme de cela.

CLAUDIO.

Marianne, brisons cet entretien. Ou vous sentirez l'inconvenance de s'arrêter sous une tonnelle, ou vous me réduirez à une violence qui répugne à mon habit.

Il sort.

MARIANNE, seule.

Holà! quelqu'un.

Un domestique entre.

Voyez-vous là-bas, dans cette rue, ce jeune homme assis devant une table, sous cette tonnelle? Allez lui dire que j'ai à lui parler, et qu'il prenne la peine d'entrer dans ce jardin.

Le domestique sort.

Voilà qui est nouveau! Pour qui me prend-on? Quel mal y a-t-il donc? Comment suis-je donc faite aujourd'hui? Voilà une robe affreuse. Qu'est-ce que cela signifie? — Vous me réduirez à la violence! Quelle violence? Je voudrais que ma mère fût là. Ah bah! elle est de son avis dès qu'il dit un mot. J'ai une envie de battre quelqu'un!

Elle renverse les chaises.

Je suis bien sotte, en vérité! Voilà Octave qui

vient. — Je voudrais qu'il le rencontrât. — Ah! c'est donc là le commencement! On me l'avait prédit. — Je le savais. — Je m'y attendais! Patience! patience! Il me ménage un châtiment! Et lequel, par hasard? Je voudrais bien savoir ce qu'il veut dire!

Entre Octave.

Asseyez-vous, Octave, j'ai à vous parler.

OCTAVE.

Où voulez-vous que je m'assoie? Toutes les chaises sont les quatre fers en l'air. — Que vient-il donc de se passer ici?

MARIANNE.

Rien du tout.

OCTAVE.

En vérité, cousine, vos yeux disent le contraire.

MARIANNE.

J'ai réfléchi à ce que vous m'avez dit sur le compte de votre ami Cœlio. Dites-moi, pourquoi ne s'explique-t-il pas lui-même?

OCTAVE.

Par une raison assez simple : — il vous a écrit, et vous avez déchiré ses lettres; il vous a envoyé quelqu'un, et vous lui avez fermé la bouche; il vous a donné des concerts, vous l'avez laissé dans la rue. Ma foi, il s'est donné au diable, et on s'y donnerait à moins.

MARIANNE.

Cela veut dire qu'il a songé à vous?

OCTAVE.

Oui.

MARIANNE.

Eh bien! parlez-moi de lui.

OCTAVE.

Sérieusement?

MARIANNE.

Oui, oui, sérieusement. Me voilà. J'écoute.

OCTAVE.

Vous voulez rire?

MARIANNE.

Quel pitoyable avocat êtes-vous donc? Parlez, que je veuille rire ou non.

OCTAVE.

Que regardez-vous à droite et à gauche? En vérité, vous êtes en colère.

MARIANNE.

Je veux prendre un amant, Octave... sinon un amant, du moins un cavalier. Que me conseillez-vous? Je m'en rapporte à votre choix : — Cœlio ou tout autre, peu m'importe; — dès demain, — dès ce soir, celui qui aura la fantaisie de chanter sous mes fenêtres trouvera ma porte entr'ouverte. Eh bien! vous ne parlez pas? Je vous dis que je prends un amant. Tenez, voilà mon écharpe en gage : — qui vous voudrez la rapportera.

OCTAVE.

Marianne! quelle que soit la raison qui a pu vous inspirer une minute de complaisance, puisque vous m'avez appelé, puisque vous consentez à m'entendre, au nom du Ciel, restez la même une minute encore, permettez-moi de vous parler.

Il se jette à genoux.

MARIANNE.

Que voulez-vous me dire?

OCTAVE.

Si jamais homme au monde a été digne de vous comprendre, digne de vivre et de mourir pour vous, cet homme est Cœlio. Je n'ai jamais valu grand'chose, et je me rends cette justice que la passion dont je fais l'éloge trouve un misérable interprète. Ah! si vous saviez sur quel autel sacré vous êtes adorée comme un Dieu! Vous, si belle, si jeune, si pure encore, livrée à un vieillard qui n'a plus de sens, et qui n'a jamais eu de cœur! Si vous saviez quel trésor de bonheur, quelle mine féconde repose en vous! en lui! dans cette fraîche aurore de jeunesse, dans cette rosée céleste de la vie, dans ce premier accord de deux âmes jumelles! Je ne vous parle pas de sa souffrance, de cette douce et triste mélancolie qui ne s'est jamais lassée de vos rigueurs, et qui en mourrait sans se plaindre. Oui, Marianne, il en mourra. Que puis-je vous dire? Qu'inventerais-je pour donner à mes paroles la force qui leur manque? Je ne sais pas le langage de l'amour. Regardez dans votre âme : c'est elle qui peut vous parler de la sienne. Y a-t-il un pouvoir capable de vous toucher? Vous qui savez supplier Dieu, existe-t-il une prière qui puisse rendre ce dont mon cœur est plein?

MARIANNE.

Relevez-vous, Octave. En vérité, si quelqu'un entrait ici, ne croirait-on pas, à vous entendre, que c'est pour vous que vous plaidez?

OCTAVE.

Marianne! Marianne! au nom du Ciel, ne souriez pas! ne fermez pas votre cœur au premier éclair qui l'ait peut-être traversé! Ce caprice de bonté, ce moment précieux, va s'évanouir. — Vous avez prononcé le nom de Cœlio, vous avez pensé à lui, dites-vous. Ah! si c'est une fantaisie, ne me la gâtez pas. — Le bonheur d'un homme en dépend.

MARIANNE.

Êtes-vous sûr qu'il ne me soit pas permis de sourire?

OCTAVE.

Oui, vous avez raison, je sais tout le tort que mon amitié peut faire. Je sais qui je suis, je le sens; un pareil langage dans ma bouche a l'air d'une raillerie. Vous doutez de la sincérité de mes paroles; jamais peut-être je n'ai senti avec plus d'amertume qu'en ce moment le peu de confiance que je puis inspirer.

MARIANNE.

Pourquoi cela? Vous voyez que j'écoute. Cœlio me déplaît; je ne veux pas de lui. Parlez-moi de quelque autre, de qui vous voudrez. Choisissez-moi dans vos amis un cavalier digne de moi ; envoyez-le-moi, Octave. Vous voyez que je m'en rapporte à vous.

OCTAVE.

O femme trois fois femme ! Cœlio vous déplaît, — mais le premier venu vous plaira. L'homme qui vous aime depuis un mois, qui s'attache à vos pas, qui mourrait de bon cœur sur un mot de votre bouche, celui-là vous déplaît ! Il est jeune, beau, riche et digne en tout point de vous ; mais il vous déplaît ! et le premier venu vous plaira !

MARIANNE.

Faites ce que je vous dis, ou ne me revoyez pas.

Elle sort.

OCTAVE, seul.

Ton écharpe est bien jolie, Marianne, et ton petit caprice de colère est un charmant traité de paix. — Il ne me faudrait pas beaucoup d'orgueil pour le comprendre : un peu de perfidie suffirait. Ce sera pourtant Cœlio qui en profitera.

Il sort.

SCÈNE IV

Chez Cœlio.

CŒLIO, Un Domestique.

CŒLIO.

Il est en bas, dites-vous? Qu'il monte. Pourquoi ne le faites-vous pas monter sur-le-champ?

Entre Octave.

Eh bien! mon ami, quelle nouvelle?

OCTAVE.

Attache ce chiffon à ton bras droit, Cœlio; prends ta guitare et ton épée. — Tu es l'amant de Marianne.

CŒLIO.

Au nom du Ciel, ne te ris pas de moi!

OCTAVE.

La nuit est belle; la lune va paraître à l'horizon. Marianne est seule, et sa porte est entr'ouverte. Tu es un heureux garçon, Cœlio.

CŒLIO.

Est-ce vrai? — est-ce vrai? Ou tu es ma vie, Octave, ou tu es sans pitié.

OCTAVE.

Tu n'es pas encore parti? Je te dis que tout est convenu. Une chanson sous sa fenêtre; cache-toi un peu le nez dans ton manteau, afin que les espions du mari ne te reconnaissent pas. Sois sans crainte, afin qu'on te craigne ; et, si elle résiste, prouve-lui qu'il est un peu tard.

CŒLIO.

Ah! mon Dieu, le cœur me manque.

OCTAVE.

Et à moi aussi, car je n'ai dîné qu'à moitié. — Pour récompense de mes peines, dis en sortant qu'on me monte à souper.

Il s'assoit.

As-tu du tabac turc? Tu me trouveras probablement ici demain matin. Allons, mon ami, en route! tu m'embrasseras en revenant. En route! en route! la nuit s'avance.

Cœlio sort.

OCTAVE, seul.

Écris sur tes tablettes, Dieu juste, que cette nuit doit m'être comptée dans ton paradis. Est-ce bien vrai que tu as un paradis? En vérité, cette femme était belle, et sa petite colère lui allait bien. D'où venait-elle? C'est ce que j'ignore. Qu'importe comment la bille d'ivoire tombe sur le numéro que nous avons appelé? Souffler une maîtresse à son ami, c'est une rouerie trop commune pour moi. Marianne ou toute autre, qu'est-ce que cela me fait? La véritable affaire est de souper; il est clair que Cœlio est à jeun. Comme tu m'aurais détesté, Marianne, si je t'avais aimée ! comme tu m'aurais fermé ta porte ! comme ton bélître de mari t'aurait paru un Adonis, un Sylvain, en comparaison de moi ! Où est donc la raison de tout cela ? pourquoi la fumée de cette pipe va-t-elle à droite plutôt qu'à gauche ? Voilà la raison de tout. — Fou ! trois fois fou à lier, celui qui calcule ses chances, qui met la raison de son côté ! La justice céleste tient une balance dans ses mains. La balance est parfaitement juste, mais tous les poids sont creux. Dans l'un il y a une pistole, dans l'autre un soupir amoureux, dans celui-là une migraine, dans celui-ci il y a le temps qu'il fait, et toutes les actions humaines s'en vont de haut en bas, selon ces poids capricieux.

UN DOMESTIQUE, entrant.

Monsieur, voilà une lettre à votre adresse ; elle est si pressée que vos gens l'ont apportée ici ; on a recommandé de vous la remettre, en quelque lieu que vous fussiez ce soir.

OCTAVE.

Voyons un peu cela.

Il lit.

Ne venez pas ce soir. Mon mari a entouré la maison d'assassins, et vous êtes perdu s'ils vous trouvent.

MARIANNE.

Malheureux que je suis ! qu'ai-je fait ? Mon manteau ! mon chapeau ! Dieu veuille qu'il soit encore temps! Suivez-moi, vous et tous les domestiques qui sont debout à cette heure. Il s'agit de la vie de votre maître.

Il sort en courant.

SCÈNE V

Le jardin de Claudio. — Il est nuit.

CLAUDIO, Deux Spadassins, TIBIA.

CLAUDIO.

Laissez-le entrer, et jetez-vous sur lui dès qu'il sera parvenu à ce bosquet.

TIBIA.

Et s'il entre par l'autre côté?

CLAUDIO.

Alors, attendez-le au coin du mur.

UN SPADASSIN.

Oui, Monsieur.

TIBIA.

Le voilà qui arrive. Tenez, Monsieur, voyez comme son ombre est grande! c'est un homme d'une belle stature.

CLAUDIO.

Retirons-nous à l'écart, et frappons quand il en sera temps.

Entre Cœlio.

CŒLIO, *frappant à la jalousie.*

Marianne! Marianne! êtes-vous là?

MARIANNE, paraissant à la fenêtre.

Fuyez, Octave; vous n'avez donc pas reçu ma lettre?

CŒLIO.

Seigneur mon Dieu! Quel nom ai-je entendu?

MARIANNE.

La maison est entourée d'assassins : mon mari vous a vu entrer ce soir; il a écouté notre conversation, et votre mort est certaine si vous restez une minute encore.

CŒLIO.

Est-ce un rêve? suis-je Cœlio?

MARIANNE.

Octave, Octave! au nom du Ciel ne vous arrêtez pas! Puisse-t-il être encore temps de vous échapper! Demain, trouvez-vous à midi dans un confessionnal de l'église, j'y serai.

La jalousie se referme.

CŒLIO.

O mort! puisque tu es là, viens donc à mon secours. Octave, traître Octave! puisse mon sang retomber sur toi! Puisque tu savais quel sort m'attendait ici, et que tu m'y as envoyé à ta place, tu seras satisfait dans ton désir. O mort! je t'ouvre les bras; voici le terme de mes maux.

Il sort. — On entend des cris étouffés et un bruit éloigné dans le jardin.

OCTAVE, en dehors.

Ouvrez, ou j'enfonce les portes!

CLAUDIO, ouvrant, son épée sous le bras.

Que voulez-vous?

OCTAVE.

Où est Cœlio?

CLAUDIO.

Je ne pense pas que son habitude soit de coucher dans cette maison.

OCTAVE.

Si tu l'as assassiné, Claudio, prends garde à toi; je te tordrai le cou de ces mains que voilà.

CLAUDIO.

Êtes-vous fou ou somnambule?

OCTAVE.

Ne l'es-tu pas toi-même, pour te promener à cette heure, ton épée sous le bras?

CLAUDIO.

Cherchez dans ce jardin si bon vous semble; je n'y ai vu entrer personne; et si quelqu'un l'a voulu faire, il me semble que j'avais le droit de ne pas lui ouvrir.

OCTAVE, à ses gens.

Venez, et cherchez partout!

CLAUDIO, bas à Tibia.

Tout est-il fini comme je l'ai ordonné?

TIBIA.

Oui, Monsieur; soyez en repos, ils peuvent chercher tant qu'ils voudront.

Tous sortent.

SCÈNE VI

Un cimetière.

OCTAVE et MARIANNE, auprès d'un tombeau.

OCTAVE.

Moi seul au monde je l'ai connu. Cette urne d'albâtre, couverte de ce long voile de deuil, est sa parfaite image. C'est ainsi qu'une douce mélancolie voilait les perfections de cette âme tendre et délicate. Pour moi seul, cette vie silencieuse n'a point été un mystère. Les longues soirées que nous avons passées ensemble sont comme de fraîches oasis dans un désert aride; elles ont versé sur mon cœur les seules gouttes de rosée qui y soient jamais tombées. Cœlio était la bonne partie de moi-même; elle est remontée au ciel avec lui. C'était un homme d'un autre temps; il connaissait les plaisirs et leur préférait la solitude; il savait combien les illusions sont trompeuses, et il préférait ses illusions à la réalité. Elle eût été heureuse, la femme qui l'eût aimé.

MARIANNE.

Ne serait-elle point heureuse, Octave, la femme qui t'aimerait?

OCTAVE.

Je ne sais point aimer; Cœlio seul le savait. La

cendre que renferme cette tombe est tout ce que j'ai aimé sur la terre, tout ce que j'aimerai. Lui seul savait verser dans une autre âme toutes les sources de bonheur qui reposaient dans la sienne. Lui seul était capable d'un dévouement sans bornes; lui seul eût consacré sa vie entière à la femme qu'il aimait, aussi facilement qu'il aurait bravé la mort pour elle. Je ne suis qu'un débauché sans cœur; je n'estime point les femmes : l'amour que j'inspire est comme celui que je ressens, l'ivresse passagère d'un songe. Je ne sais pas les secrets qu'il savait. Ma gaieté est comme le masque d'un histrion; mon cœur est plus vieux qu'elle, mes sens blasés n'en veulent plus. Je ne suis qu'un lâche : sa mort n'est point vengée.

MARIANNE.

Comment aurait-elle pu l'être, à moins de risquer votre vie? Claudio est trop vieux pour accepter un duel, et trop puissant dans cette ville pour rien craindre de vous.

OCTAVE.

Cœlio m'aurait vengé si j'étais mort pour lui comme il est mort pour moi. Ce tombeau m'appartient; c'est moi qu'ils ont étendu sous cette froide pierre; c'est pour moi qu'ils avaient aiguisé leurs épées; c'est moi qu'ils ont tué. Adieu la gaieté de ma jeunesse, l'insouciante folie, la vie libre et joyeuse au pied du Vésuve! Adieu les bruyants repas, les causeries du soir, les sérénades sous les balcons dorés! Adieu Naples et ses femmes, les mascarades à la lueur des torches, les longs soupers à l'ombre des forêts! Adieu l'amour et l'amitié! ma place est vide sur la terre.

MARIANNE.

Mais non pas dans mon cœur, Octave. Pourquoi dis-tu : « Adieu l'amour »?

OCTAVE.

Je ne vous aime pas, Marianne; c'était Cœlio qui vous aimait!

FANTASIO

COMÉDIE EN DEUX ACTES

Publiée en 1833, représentée en 1866

PERSONNAGES

LE ROI DE BAVIÈRE.
LE PRINCE DE MANTOUE.
MARINONI, son aide de camp.
RUTTEN, secrétaire du roi.
FANTASIO,
SPARK,
HARTMAN, } jeunes gens de la ville.
FACIO,
OFFICIERS, PAGES, Etc.
ELSBETH, fille du roi de Bavière.
LA GOUVERNANTE D'ELSBETH.

La scène est à Munich.

FANTASIO
(Acte II, Scène I)

FANTASIO

ACTE PREMIER

SCÈNE PREMIÈRE

A la cour.

LE ROI, entouré de ses courtisans; RUTTEN.

LE ROI.

Mes amis, je vous ai annoncé, il y a déjà longtemps, les fiançailles de ma chère Elsbeth avec le prince de Mantoue. Je vous annonce aujourd'hui l'arrivée de ce prince; ce soir peut-être, demain au plus tard, il sera dans ce palais. Que ce soit un jour de fête pour tout le monde; que les prisons s'ouvrent, et que le peuple passe la nuit dans les divertissements. Rutten, où est ma fille?

Les courtisans se retirent.

RUTTEN.

Sire, elle est dans le parc avec sa gouvernante.

LE ROI.

Pourquoi ne l'ai-je pas encore vue aujourd'hui ? Est-elle triste ou gaie de ce mariage qui s'apprête ?

RUTTEN.

Il m'a paru que le visage de la princesse était voilé de quelque mélancolie. Quelle est la jeune fille qui ne rêve pas la veille de ses noces ? La mort de Saint-Jean l'a contrariée.

LE ROI.

Y penses-tu ? La mort de mon bouffon ! d'un plaisant de cour bossu et presque aveugle !

RUTTEN.

La princesse l'aimait.

LE ROI.

Dis-moi, Rutten, tu as vu le prince ; quel homme est-ce ? Hélas ! je lui donne ce que j'ai de plus précieux au monde, et je ne le connais point.

RUTTEN.

Je suis demeuré fort peu de temps à Mantoue.

LE ROI.

Parle franchement. Par quels yeux puis-je voir la vérité, si ce n'est par les tiens ?

RUTTEN.

En vérité, Sire, je ne saurais rien dire sur le caractère ou l'esprit du noble prince.

LE ROI.

En est-il ainsi? Tu hésites, toi, courtisan! De combien d'éloges l'air de cette chambre serait déjà rempli, de combien d'hyperboles et de métaphores flatteuses, si le prince qui sera demain mon gendre t'avait paru digne de ce titre! Me serais-je trompé, mon ami? aurais-je fait en lui un mauvais choix?

RUTTEN.

Sire, le prince passe pour le meilleur des rois.

LE ROI.

La politique est une fine toile d'araignée, dans laquelle se débattent bien des pauvres mouches mutilées; je ne sacrifierai le bonheur de ma fille à aucun intérêt.

Ils sortent.

SCÈNE II

Une rue.

SPARK, HARTMAN et FACIO, buvant autour d'une table.

HARTMAN.

Puisque c'est aujourd'hui le mariage de la princesse, buvons, fumons, et tâchons de faire du tapage.

FACIO.

Il serait bon de nous mêler à tout ce peuple qui

court les rues, et d'éteindre quelques lampions sur de bonnes têtes de bourgeois.

SPARK.

Allons donc ! fumons tranquillement.

HARTMAN.

Je ne ferai rien tranquillement ; dussé-je me faire battant de cloche, et me pendre dans le bourdon de l'église, il faut que je carillonne un jour de fête. Où diable est donc Fantasio ?

SPARK.

Attendons-le ; ne faisons rien sans lui.

FACIO.

Bah ! il nous retrouvera toujours. Il est à se griser dans quelque trou de la rue Basse. Holà, ohé ! un dernier coup !

<small>Il lève son verre.</small>

UN OFFICIER, entrant.

Messieurs, je viens vous prier de vouloir bien aller plus loin, si vous ne voulez pas être dérangés dans votre gaieté.

HARTMAN.

Pourquoi, mon capitaine ?

L'OFFICIER.

La princesse est dans ce moment sur la terrasse que vous voyez, et vous comprenez aisément qu'il n'est pas convenable que vos cris arrivent jusqu'à elle.

<small>Il sort.</small>

FACIO.
Voilà qui est intolérable!

SPARK.
Qu'est-ce que cela nous fait de rire ici ou ailleurs?

HARTMAN.
Qui est-ce qui nous dit qu'ailleurs il nous sera permis de rire? Vous verrez qu'il sortira un drôle en habit vert de tous les pavés de la ville pour nous prier d'aller rire dans la lune.

Entre Marinoni, couvert d'un manteau.

SPARK.
La princesse n'a jamais fait un acte de despotisme de toute sa vie. Que Dieu la conserve! Si elle ne veut pas qu'on rie, c'est qu'elle est triste, ou qu'elle chante; laissons-la en repos.

FACIO.
Humph! voilà un manteau rabattu qui flaire quelque nouvelle. Le gobe-mouche a envie de nous aborder.

MARINONI, approchant.
Je suis étranger, Messieurs; à quelle occasion cette fête?

SPARK.
La princesse Elsbeth se marie.

MARINONI.
Ah! ah! c'est une belle femme, à ce que je présume?

HARTMAN.

Comme vous êtes un bel homme, vous l'avez dit.

MARINONI.

Aimée de son peuple, si j'ose le dire, car il me paraît que tout est illuminé.

HARTMAN.

Tu ne te trompes pas, brave étranger; tous ces lampions allumés que tu vois, comme tu l'as remarqué sagement, ne sont pas autre chose qu'une illumination.

MARINONI.

Je voulais demander par là si la princesse est la cause de ces signes de joie.

HARTMAN.

L'unique cause, puissant rhéteur. Nous aurions beau nous marier tous, il n'y aurait aucune espèce de joie dans cette ville ingrate.

MARINONI.

Heureuse la princesse qui sait se faire aimer de son peuple!

HARTMAN.

Des lampions allumés ne font pas le bonheur d'un peuple, cher homme primitif. Cela n'empêche pas la susdite princesse d'être fantasque comme une bergeronnette.

MARINONI.

En vérité! vous avez dit fantasque?

HARTMAN.

Je l'ai dit, cher inconnu, je me suis servi de ce mot.

Marinoni salue et se retire.

FACIO.

A qui diantre en veut ce baragouineur d'italien? Le voilà qui nous quitte pour aborder un autre groupe. Il sent l'espion d'une lieue.

HARTMAN.

Il ne sent rien du tout; il est bête à faire plaisir.

SPARK.

Voilà Fantasio qui arrive.

HARTMAN.

Qu'a-t-il donc? il se dandine comme un conseiller de justice. Ou je me trompe fort, ou quelque lubie mûrit dans sa cervelle.

FACIO.

Eh bien! ami, que ferons-nous de cette belle soirée?

FANTASIO, entrant.

Tout absolument, hors un roman nouveau.

FACIO.

Je dis qu'il faudrait nous lancer dans cette canaille, et nous divertir un peu.

FANTASIO.

L'important serait d'avoir des nez de carton et des pétards.

HARTMAN.

Prendre la taille aux filles, tirer les bourgeois

par la queue et casser les lanternes. Allons, partons, voilà qui est dit.

FANTASIO.

Il était une fois un roi de Perse...

HARTMAN.

Viens donc, Fantasio.

FANTASIO.

Je n'en suis pas, je n'en suis pas.

HARTMAN.

Pourquoi?

FANTASIO.

Donnez-moi un verre de ça.
<small>Il boit.</small>

HARTMAN.

Tu as le mois de mai sur les joues.

FANTASIO.

C'est vrai; et le mois de janvier dans le cœur. Ma tête est comme une vieille cheminée sans feu : il n'y a que du vent et des cendres. Ouf!
<small>Il s'assoit.</small>

Que cela m'ennuie que tout le monde s'amuse! Je voudrais que ce grand ciel si lourd fût un immense bonnet de coton, pour envelopper jusqu'aux oreilles cette sotte ville et ses sots habitants. Allons, voyons, dis-moi, de grâce, un calembour usé, quelque chose de bien rebattu.

HARTMAN.

Pourquoi?

FANTASIO.

Pour que je rie. Je ne ris plus de ce qu'on invente; peut-être que je rirai de ce que je connais.

HARTMAN.

Tu me parais un tant soit peu misanthrope et enclin à la mélancolie.

FANTASIO.

Du tout; c'est que je viens de chez ma maîtresse.

FACIO.

Oui ou non, es-tu des nôtres?

FANTASIO.

Je suis des vôtres, si vous êtes des miens; restons un peu ici à parler de choses et d'autres, en regardant nos habits neufs.

FACIO.

Non, ma foi. Si tu es las d'être debout, je suis las d'être assis; il faut que je m'évertue en plein air.

FANTASIO.

Je ne saurais m'évertuer. Je vais fumer sous ces marronniers, avec ce brave Spark, qui va me tenir compagnie. N'est-ce pas, Spark?

SPARK.

Comme tu voudras.

HARTMAN.

En ce cas, adieu. Nous allons voir la fête.

Hartman et Facio sortent. — Fantasio s'assied avec Spark.

FANTASIO.

Comme ce soleil couchant est manqué! La nature est pitoyable ce soir. Regarde-moi un peu cette vallée là-bas, ces quatre ou cinq méchants nuages qui grimpent sur cette montagne. Je faisais des paysages comme celui-là, quand j'avais douze ans, sur la couverture de mes livres de classe.

SPARK.

Quel bon tabac! quelle bonne bière!

FANTASIO.

Je dois bien t'ennuyer, 6park?

SPARK.

Non; pourquoi cela?

FANTASIO.

Toi, tu m'ennuies horriblement. Cela ne te fait rien de voir tous les jours la même figure? Que diable Hartman et Facio s'en vont-ils faire dans cette fête?

SPARK.

Ce sont deux gaillards actifs, et qui ne sauraient rester en place.

FANTASIO.

Quelle admirable chose que les Mille et une Nuits! O Spark, mon cher Spark, si tu pouvais me transporter en Chine! Si je pouvais seulement sortir de ma peau pendant une heure ou deux! Si je pouvais être ce monsieur qui passe!

SPARK.

Cela me paraît assez difficile.

FANTASIO.

Ce monsieur qui passe est charmant; regarde : quelle belle culotte de soie! quelles belles fleurs rouges sur son gilet! Ses breloques de montre battent sur sa panse, en opposition avec les basques de son habit, qui voltigent sur ses mollets. Je suis sûr que cet homme-là a dans la tête un millier d'idées qui me sont absolument étrangères; son essence lui est particulière. Hélas! tout ce que les hommes se disent entre eux se ressemble; les idées qu'ils échangent sont presque toujours les mêmes dans toutes leurs conversations; mais, dans l'intérieur de toutes ces machines isolées, quels replis, quels compartiments secrets! C'est tout un monde que chacun porte en lui! un monde ignoré, qui naît et qui meurt en silence! Quelles solitudes que tous ces corps humains!

SPARK.

Bois donc, désœuvré, au lieu de te creuser la tête.

FANTASIO.

Il n'y a qu'une chose qui m'ait amusé depuis trois jours : c'est que mes créanciers ont obtenu un arrêt contre moi, et que, si je mets les pieds dans ma maison, il va arriver quatre estafiers qui me prendront au collet.

SPARK.

Voilà qui est fort gai, en effet. Où coucheras-tu ce soir?

FANTASIO.

Chez la première venue. Te figures-tu que mes meubles se vendent demain matin? Nous en achèterons quelques-uns, n'est-ce pas?

SPARK.

Manques-tu d'argent, Henri? Veux-tu ma bourse?

FANTASIO.

Imbécile! si je n'avais pas d'argent, je n'aurais pas de dettes. J'ai envie de prendre pour maîtresse une fille d'opéra.

SPARK.

Cela t'ennuiera à périr.

FANTASIO.

Pas du tout; mon imagination se remplira de pirouettes et de souliers de satin blanc; il y aura un gant à moi sur la banquette du balcon depuis le premier janvier jusqu'à la Saint-Sylvestre, et je fredonnerai des solos de clarinette dans mes rêves, en attendant que je meure d'une indigestion de fraises dans les bras de ma bien-aimée. Remarques-tu une chose, Spark? c'est que nous n'avons pas d'état; nous n'exerçons aucune profession.

SPARK.

C'est là ce qui t'attriste?

FANTASIO.

Il n'y a point de maître d'armes mélancolique.

SPARK.

Tu me fais l'effet d'être revenu de tout.

FANTASIO.

Ah! pour être revenu de tout, mon ami, il faut être allé dans bien des endroits.

SPARK.

Eh bien donc?

FANTASIO.

Eh bien donc! où veux-tu que j'aille? Regarde cette vieille ville enfumée; il n'y a pas de places, de rues, de ruelles, où je n'aie rôdé trente fois; il n'y a pas de pavés où je n'aie traîné ces talons usés, pas de maisons où je ne sache quelle est la fille ou la vieille femme dont la tête stupide se dessine éternellement à la fenêtre; je ne saurais faire un pas sans marcher sur mes pas d'hier; eh bien! mon cher ami, cette ville n'est rien auprès de ma cervelle. Tous les recoins m'en sont cent fois plus connus; toutes les rues, tous les trous de mon imagination, sont cent fois plus fatigués; je m'y suis promené en cent fois plus de sens, dans cette cervelle délabrée, moi son seul habitant! je m'y suis grisé dans tous les cabarets; je m'y suis roulé comme un roi absolu dans un carrosse doré; j'y ai trotté en bon bourgeois sur une mule pacifique, et je n'ose seulement pas maintenant y entrer comme un voleur, une lanterne sourde à la main.

SPARK.

Je ne comprends rien à ce travail perpétuel sur toi-même ; moi, quand je fume, par exemple, ma pensée se fait fumée de tabac ; quand je bois, elle se fait vin d'Espagne ou bière de Flandre ; quand je baise la main de ma maîtresse, elle entre par le bout de ses doigts effilés pour se répandre dans tout son être sur des courants électriques ; il me faut le parfum d'une fleur pour me distraire, et, de tout ce que renferme l'universelle nature, le plus chétif objet suffit pour me changer en abeille et me faire voltiger çà et là avec un plaisir toujours nouveau.

FANTASIO.

Tranchons le mot, tu es capable de pêcher à la ligne.

SPARK.

Si cela m'amuse, je suis capable de tout.

FANTASIO.

Même de prendre la lune avec les dents ?

SPARK.

Cela ne m'amuserait pas.

FANTASIO.

Ah ! ah ! qu'en sais-tu ? Prendre la lune avec les dents n'est pas à dédaigner. Allons jouer au trente et quarante.

SPARK.

Non, en vérité.

FANTASIO.

Pourquoi?

SPARK.

Parce que nous perdrions notre argent.

FANTASIO.

Ah! mon Dieu! qu'est-ce que tu vas imaginer là? Tu ne sais quoi inventer pour te torturer l'esprit. Tu vois donc tout en noir, misérable? Perdre notre argent! tu n'as donc dans le cœur ni foi en Dieu ni espérance? tu es donc un athée épouvantable, capable de me dessécher le cœur et de me désabuser de tout, moi qui suis plein de sève et de jeunesse?

Il se met à danser.

SPARK.

En vérité, il y a de certains moments où je ne jurerais pas que tu n'es pas fou.

FANTASIO, dansant toujours.

Qu'on me donne une cloche! une cloche de verre!

SPARK.

A propos de quoi une cloche?

FANTASIO.

Jean-Paul n'a-t-il pas dit qu'un homme absorbé par une grande pensée est comme un plongeur sous sa cloche, au milieu du vaste Océan? Je n'ai point de cloche, Spark, point de cloche, et je danse comme Jésus-Christ sur le vaste Océan.

SPARK.

Fais-toi journaliste ou homme de lettres, Henri; c'est encore le plus efficace moyen qui nous reste de désopiler la misanthropie et d'amortir l'imagination.

FANTASIO.

Oh! je voudrais me passionner pour un homard à la moutarde, pour une grisette, pour une classe de minéraux! Spark! essayons de bâtir une maison à nous deux.

SPARK.

Pourquoi n'écris-tu pas tout ce que tu rêves? Cela ferait un joli recueil.

FANTASIO.

Un sonnet vaut mieux qu'un long poème, et un verre de vin vaut mieux qu'un sonnet.

Il boit.

SPARK.

Pourquoi ne voyages-tu pas? Va en Italie.

FANTASIO.

J'y ai été.

SPARK.

Eh bien! est-ce que tu ne trouves pas ce pays-là beau?

FANTASIO.

Il y a une quantité de mouches grosses comme des hannetons qui vous piquent toute la nuit.

SPARK.

Va en France.

FANTASIO.

Il n'y a pas de bon vin du Rhin à Paris.

SPARK.

Va en Angleterre.

FANTASIO.

J'y suis. Est-ce que les Anglais ont une patrie? J'aime autant les voir ici que chez eux.

SPARK.

Va donc au diable, alors!

FANTASIO.

Oh! s'il y avait un diable dans le ciel, s'il y avait un enfer, comme je me brûlerais la cervelle pour aller voir tout ça! Quelle misérable chose que l'homme! Ne pas pouvoir seulement sauter par sa fenêtre sans se casser les jambes! Être obligé de jouer du violon dix ans pour devenir un musicien passable! Apprendre pour être peintre, pour être palefrenier! Apprendre pour faire une omelette! Tiens, Spark, il me prend des envies de m'asseoir sur un parapet, de regarder couler la rivière et de me mettre à compter un, deux, trois, quatre, cinq, six, sept, et ainsi de suite jusqu'au jour de ma mort.

SPARK.

Ce que tu me dis là ferait rire bien des gens; moi, cela me fait frémir : c'est l'histoire du siècle entier. L'éternité est une grande aire, d'où tous les siècles, comme de jeunes aiglons, se sont envolés tour à tour pour traverser le ciel et disparaître; le nôtre est arrivé à son tour au bord du nid; mais on lui a coupé les ailes, et il attend la mort en regardant l'espace, dans lequel il ne peut s'élancer.

FANTASIO, chantant.

Tu m'appelles ta vie, appelle-moi ton âme,
Car l'âme est immortelle, et la vie est un jour.

Connais-tu une plus divine romance que celle-là, Spark? C'est une romance portugaise. Elle ne m'est jamais venue à l'esprit sans me donner envie d'aimer quelqu'un.

SPARK.

Qui, par exemple?

FANTASIO.

Qui? je n'en sais rien; quelque belle fille toute ronde comme les femmes de Miéris; quelque chose de doux comme le vent d'ouest, de pâle comme les rayons de la lune; quelque chose de pensif comme ces petites servantes d'auberge des tableaux flamands qui donnent le coup de l'étrier à un voyageur à larges bottes, droit comme un piquet sur un grand cheval blanc. Quelle belle chose que le Coup de l'étrier! une jeune femme sur le pas de sa porte, le feu allumé qu'on aperçoit au fond de la chambre, le souper préparé, les enfants endormis; toute la tranquillité de la vie paisible et contemplative dans un coin du tableau! et là l'homme encore haletant, mais ferme sur sa selle, ayant fait vingt lieues, en ayant trente à faire; une gorgée d'eau-de-vie, et adieu. La nuit est profonde là-bas, le temps menaçant, la forêt dangereuse; la bonne femme le suit des yeux une minute, puis elle laisse tomber, en retournant à son feu, cette sublime aumône du pauvre : « Que Dieu le protège! »

SPARK.

Si tu étais amoureux, Henri, tu serais le plus heureux des hommes.

FANTASIO.

L'amour n'existe plus, mon cher ami. La religion, sa nourrice, a les mamelles pendantes comme une vieille bourse au fond de laquelle il y a un gros sou. L'amour est une hostie qu'il faut briser en deux au pied d'un autel et avaler ensemble dans un baiser; il n'y a plus d'autel, il n'y a plus d'amour. Vive la nature! il y a encore du vin.

Il boit.

SPARK.

Tu vas te griser.

FANTASIO.

Je vais me griser, tu l'as dit.

SPARK.

Il est un peu tard pour cela.

FANTASIO.

Qu'appelles-tu tard? Midi, est-ce tard? minuit, est-ce de bonne heure? Où prends-tu la journée ? Restons là, Spark, je t'en prie. Buvons, causons, analysons, déraisonnons, faisons de la politique ; imaginons des combinaisons de gouvernement ; attrapons tous les hannetons qui passent autour de cette chandelle, et mettons-les dans nos poches. Sais-tu que les canons à vapeur sont une belle chose en matière de philanthropie ?

SPARK.

Comment l'entends-tu ?

FANTASIO.

Il y avait une fois un roi qui était très sage, très sage, très heureux, très heureux...

SPARK.

Après ?

FANTASIO.

La seule chose qui manquait à son bonheur, c'était d'avoir des enfants. Il fit faire des prières publiques dans toutes les mosquées.

SPARK.

A quoi en veux-tu venir ?

FANTASIO.

Je pense à mes chères Mille et une Nuits. C'est comme cela qu'elles commencent toutes. Tiens, Spark, je suis gris. Il faut que je fasse quelque chose. Tra la, tra la ! Allons, levons-nous !

Un enterrement passe.

Ohé ! braves gens, qui enterrez-vous là ? Ce n'est pas maintenant l'heure d'enterrer proprement.

LES PORTEURS.

Nous enterrons Saint-Jean.

FANTASIO.

Saint-Jean est mort? le bouffon du roi est mort? Qui a pris sa place? le ministre de la justice?

LES PORTEURS.

Sa place est vacante, vous pouvez la prendre si vous voulez.

Ils sortent.

SPARK.

Voilà une insolence que tu t'es bien attirée. A quoi penses-tu, d'arrêter ces gens?

FANTASIO.

Il n'y a rien là d'insolent. C'est un conseil d'ami que m'a donné cet homme, et que je vais suivre à l'instant.

SPARK.

Tu vas te faire bouffon de la cour?

FANTASIO.

Cette nuit même, si l'on veut de moi. Puisque je ne puis coucher chez moi, je veux me donner la représentation de cette royale comédie qui se jouera demain, et de la loge du roi lui-même.

SPARK.

Comme tu es fin! On te reconnaîtra, et les laquais te mettront à la porte : n'es-tu pas filleul de la feue reine?

FANTASIO.

Comme tu es bête! Je me mettrai une bosse et

une perruque rousse comme la portait Saint-Jean, et personne ne me reconnaîtra, quand j'aurais trois douzaines de parrains à mes trousses.

Il frappe à une boutique.

Hé! brave homme, ouvrez-moi, si vous n'êtes pas sorti, vous, votre femme et vos petits chiens.

UN TAILLEUR, ouvrant la boutique.

Que demande Votre Seigneurie?

FANTASIO.

N'êtes-vous pas tailleur de la cour?

LE TAILLEUR.

Pour vous servir.

FANTASIO.

Est-ce vous qui habilliez Saint-Jean?

LE TAILLEUR.

Oui, Monsieur.

FANTASIO.

Vous le connaissiez? Vous savez de quel côté était sa bosse, comment il frisait sa moustache, et quelle perruque il portait?

LE TAILLEUR.

Hé! hé! Monsieur veut rire.

FANTASIO.

Homme, je ne veux point rire : entre dans ton arrière-boutique; et, si tu ne veux pas être empoisonné demain dans ton café au lait, songe à être muet comme la tombe sur tout ce qui va se passer ici.

Il sort avec le tailleur; Spark le suit.

SCÈNE III

Une auberge sur la route de Munich.

Entrent LE PRINCE DE MANTOUE et MARINONI.

LE PRINCE.

Eh bien, colonel?

MARINONI.

Altesse?

LE PRINCE.

Eh bien, Marinoni?

MARINONI.

Mélancolique, fantasque, d'une joie folle, soumise à son père, aimant beaucoup les pois verts.

LE PRINCE.

Écris cela : je ne comprends clairement que les écritures moulées en bâtarde.

MARINONI, écrivant.

Mélanco...

LE PRINCE.

Écris à voix basse : je rêve à un projet d'importance depuis mon dîner.

MARINONI.

Voilà, Altesse, ce que vous demandez.

LE PRINCE.

C'est bien, je te nomme mon ami intime; je ne connais pas dans tout mon royaume de plus belle écriture que la tienne. Assieds-toi à quelque distance. Vous pensez donc, mon ami, que le caractère de la princesse, ma future épouse, vous est secrètement connu?

MARINONI.

Oui, Altesse : j'ai parcouru les alentours du palais, et ces tablettes renferment les principaux traits des conversations différentes dans lesquelles je me suis immiscé.

LE PRINCE, se mirant.

Il me semble que je suis poudré comme un homme de la dernière classe.

MARINONI.

L'habit est magnifique.

LE PRINCE.

Que dirais-tu, Marinoni, si tu voyais ton maître revêtir un simple frac olive?

MARINONI.

Son Altesse se rit de ma crédulité.

LE PRINCE.

Non, colonel. Apprends que ton maître est le plus romanesque des hommes.

MARINONI.

Romanesque, Altesse?

LE PRINCE.

Oui, mon ami (je t'ai accordé ce titre); l'important projet que je médite est inouï dans ma famille : je prétends arriver à la cour du roi mon beau-père dans l'habillement d'un simple aide de camp; ce n'est pas assez d'avoir envoyé un homme de ma maison recueillir les bruits publics sur la future princesse de Mantoue (et cet homme, Marinoni, c'est toi-même), je veux encore observer par mes yeux.

MARINONI.

Est-il vrai, Altesse?

LE PRINCE.

Ne reste pas pétrifié. Un homme tel que moi ne doit avoir pour ami intime qu'un esprit vaste et entreprenant.

MARINONI.

Une seule chose me paraît s'opposer au dessein de Votre Altesse.

LE PRINCE.

Laquelle?

MARINONI.

L'idée d'un tel travestissement ne pouvait appartenir qu'au prince glorieux qui nous gouverne. Mais, si mon gracieux souverain est confondu parmi l'état-major, à qui le roi de Bavière fera-t-il les honneurs d'un festin splendide qui doit avoir lieu dans la grande galerie?

LE PRINCE.

Tu as raison; si je me déguise, il faut que quelqu'un prenne ma place. Cela est impossible, Marinoni; je n'avais pas pensé à cela.

MARINONI.

Pourquoi impossible, Altesse?

LE PRINCE.

Je puis bien abaisser la dignité princière jusqu'au grade de colonel; mais comment peux-tu croire que je consentirais à élever jusqu'à mon rang un homme quelconque? Penses-tu d'ailleurs que mon futur beau-père me le pardonnerait?

MARINONI.

Le roi passe pour un homme de beaucoup de sens et d'esprit, avec une humeur agréable.

LE PRINCE.

Ah! ce n'est pas sans peine que je renonce à mon projet. Pénétrer dans cette cour nouvelle sans faste et sans bruit, observer tout, approcher de la princesse sous un faux nom, et peut-être m'en faire aimer! — Oh! je m'égare; cela est impossible. Marinoni, mon ami, essaye mon habit de cérémonie ; je ne saurais y résister.

MARINONI, s'inclinant.

Altesse!

LE PRINCE.

Penses-tu que les siècles futurs oublieront une pareille circonstance?

MARINONI.

Jamais, gracieux prince.

LE PRINCE.

Viens essayer mon habit.

Ils sortent.

ACTE II

SCÈNE PREMIÈRE

Le jardin du roi de Bavière.

Entrent ELSBETH et sa GOUVERNANTE.

LA GOUVERNANTE.

Mes pauvres yeux en ont pleuré, pleuré un torrent du ciel.

ELSBETH.

Tu es si bonne! Moi aussi j'aimais Saint-Jean : il avait tant d'esprit! Ce n'était point un bouffon ordinaire.

LA GOUVERNANTE.

Dire que le pauvre homme est allé là-haut la veille de vos fiançailles! Lui qui ne parlait que de vous à dîner et à souper, tant que le jour durait. Un garçon si gai, si amusant, qu'il faisait aimer la laideur, et que les yeux le cherchaient toujours en dépit d'eux-mêmes!

ELSBETH.

Ne me parle pas de mon mariage; c'est encore là un plus grand malheur.

LA GOUVERNANTE.

Ne savez-vous pas que le prince de Mantoue arrive aujourd'hui? On dit que c'est un Amadis.

ELSBETH.

Que dis-tu là, ma chère? Il est horrible et idiot, tout le monde le sait déjà ici.

LA GOUVERNANTE.

En vérité? on m'avait dit que c'était un Amadis.

ELSBETH.

Je ne demandais pas un Amadis, ma chère; mais cela est cruel, quelquefois, de n'être qu'une fille de roi. Mon père est le meilleur des hommes; le mariage qu'il prépare assure la paix de son royaume; il recevra en récompense la bénédiction d'un peuple; mais moi, hélas! j'aurai la sienne, et rien de plus.

LA GOUVERNANTE.

Comme vous parlez tristement!

ELSBETH.

Si je refusais le prince, la guerre serait bientôt recommencée; quel malheur que ces traités de paix se signent toujours avec des larmes! Je voudrais être une forte tête, et me résigner à épouser le premier venu, quand cela est nécessaire en politique. Être la mère d'un peuple, cela console les grands cœurs, mais non les têtes faibles. Je ne suis qu'une pauvre rêveuse ; peut-être la faute en est-elle à tes romans : tu en as toujours dans tes poches.

LA GOUVERNANTE.

Seigneur ! n'en dites rien.

ELSBETH.

J'ai peu connu la vie, et j'ai beaucoup rêvé.

LA GOUVERNANTE.

Si le prince de Mantoue est tel que vous le dites, Dieu ne laissera pas cette affaire-là s'arranger, j'en suis sûre.

ELSBETH.

Tu crois ! Dieu laisse faire les hommes, ma pauvre amie, et il ne fait guère plus de cas de nos plaintes que du bêlement d'un mouton.

LA GOUVERNANTE.

Je suis sûre que, si vous refusiez le prince, votre père ne vous forcerait pas.

ELSBETH.

Non certainement, il ne me forcerait pas ; et c'est pour cela que je me sacrifie. Veux-tu que j'aille dire à mon père d'oublier sa parole, et de rayer d'un trait de plume son nom respectable sur un contrat qui fait des milliers d'heureux ? Qu'importe qu'il fasse une malheureuse ? Je laisse mon bon père être un bon roi.

LA GOUVERNANTE.

Hi ! hi !

Elle pleure.

ELSBETH.

Ne pleure pas sur moi, ma bonne; tu me ferais peut-être pleurer moi-même, et il ne faut pas qu'une royale fiancée ait les yeux rouges. Ne t'afflige pas de tout cela. Après tout, je serai une reine, c'est peut-être amusant; je prendrai peut-être goût à mes parures, que sais-je? à mes carrosses, à ma nouvelle cour; heureusement qu'il y a pour une princesse autre chose dans un mariage qu'un mari. Je trouverai peut-être le bonheur au fond de ma corbeille de noces.

LA GOUVERNANTE.

Vous êtes un vrai agneau pascal.

ELSBETH.

Tiens, ma chère, commençons toujours par en rire, quitte à en pleurer quand il en sera temps. On dit que le prince de Mantoue est la plus ridicule chose du monde.

LA GOUVERNANTE.

Si Saint-Jean était là!

ELSBETH.

Ah! Saint-Jean! Saint-Jean!

LA GOUVERNANTE.

Vous l'aimiez beaucoup, mon enfant.

ELSBETH.

Cela est singulier; son esprit m'attachait à lui avec des fils imperceptibles qui semblaient venir de mon cœur; sa perpétuelle moquerie de mes idées romanesques me plaisait à l'excès, tandis que je ne puis supporter qu'avec peine bien des gens qui abondent dans mon sens; je ne sais ce qu'il y avait autour de lui, dans ses yeux, dans ses gestes, dans la manière dont il prenait son tabac. C'était un homme bizarre; tandis qu'il me parlait, il me passait devant les yeux des tableaux délicieux; sa parole donnait la vie comme par enchantement aux choses les plus étranges.

LA GOUVERNANTE.

C'était un vrai Triboulet.

ELSBETH.

Je n'en sais rien; mais c'était un diamant d'esprit.

LA GOUVERNANTE.

Voilà des pages qui vont et viennent; je crois que le prince ne va pas tarder à se montrer; il faudrait retourner au palais pour vous habiller.

ELSBETH.

Je t'en supplie, laisse-moi un quart d'heure encore; va préparer ce qu'il me faut : hélas! ma chère, je n'ai plus longtemps à rêver.

LA GOUVERNANTE.

Seigneur! est-il possible que ce mariage se fasse, s'il vous déplaît? Un père sacrifier sa fille! le roi serait un véritable Jephté, s'il le faisait.

ELSBETH.

Ne dis pas de mal de mon père; va, ma chère, prépare ce qu'il me faut.

La gouvernante sort.

ELSBETH, seule.

Il me semble qu'il y a quelqu'un derrière ces bosquets. Est-ce le fantôme de mon pauvre bouffon que j'aperçois dans ces bluets, assis sur la prairie? Répondez-moi; qui êtes-vous? que faites-vous là à cueillir ces fleurs?

Elle s'avance vers un tertre.

FANTASIO, assis, vêtu en bouffon, avec une bosse et une perruque.

Je suis un brave cueilleur de fleurs, qui souhaite le bonjour à vos beaux yeux.

ELSBETH.

Que signifie cet accoutrement? qui êtes-vous pour venir parodier sous cette large perruque un homme que j'ai aimé? Êtes-vous écolier en bouffonneries?

FANTASIO.

Plaise à Votre Altesse sérénissime, je suis le nouveau bouffon du roi; le majordome m'a reçu favorablement; je suis présenté au valet de chambre; les marmitons me protègent depuis hier au soir, et je cueille modestement des fleurs en attendant qu'il me vienne de l'esprit.

ELSBETH.

Cela me paraît douteux, que vous cueilliez jamais cette fleur-là.

FANTASIO.

Pourquoi? l'esprit peut venir à un homme vieux tout comme à une jeune fille. Cela est si difficile quelquefois de distinguer un trait spirituel d'une grosse sottise ! Beaucoup parler, voilà l'important ; le plus mauvais tireur de pistolet peut attraper la mouche, s'il tire sept cent quatre-vingts coups à la minute, tout aussi bien que le plus habile homme qui n'en tire qu'un ou deux bien ajustés. Je ne demande qu'à être nourri convenablement pour la grosseur de mon ventre, et je regarderai mon ombre au soleil pour voir si ma perruque pousse.

ELSBETH.

En sorte que vous voilà revêtu des dépouilles de Saint-Jean ? Vous avez raison de parler de votre ombre : tant que vous aurez ce costume, elle lui ressemblera toujours, je crois, plus que vous.

FANTASIO.

Je fais en ce moment une élégie qui décidera de mon sort.

ELSBETH.

En quelle façon ?

FANTASIO.

Elle prouvera clairement que je suis le premier homme du monde, ou bien elle ne vaudra rien du tout. Je suis en train de bouleverser l'univers pour le mettre en acrostiche ; la lune, le soleil et les étoiles se battent pour entrer dans mes rimes, comme des écoliers à la porte d'un théâtre de mélodrames.

ELSBETH.

Pauvre homme! quel métier tu entreprends! faire de l'esprit à tant par heure! N'as-tu ni bras ni jambes, et ne ferais-tu pas mieux de labourer la terre que ta propre cervelle?

FANTASIO.

Pauvre petite! quel métier vous entreprenez! épouser un sot que vous n'avez jamais vu! — N'avez-vous ni cœur ni tête, et ne feriez-vous pas mieux de vendre vos robes que votre corps?

ELSBETH.

Voilà qui est hardi, Monsieur le nouveau venu!

FANTASIO.

Comment appelez-vous cette fleur-là, s'il vous plaît?

ELSBETH.

Une tulipe. Que veux-tu prouver?

FANTASIO.

Une tulipe rouge, ou une tulipe bleue?

ELSBETH.

Bleue, à ce qu'il me semble.

FANTASIO.

Point du tout, c'est une tulipe rouge.

ELSBETH.

Veux-tu mettre un habit neuf à une vieille sentence? Tu n'en as pas besoin pour dire que des goûts et des couleurs il n'en faut pas disputer.

FANTASIO.

Je ne dispute pas; je vous dis que cette tulipe

est une tulipe rouge, et cependant je conviens qu'elle est bleue.

ELSBETH.

Comment arranges-tu cela?

FANTASIO.

Comme votre contrat de mariage. Qui peut savoir sous le soleil s'il est né bleu ou rouge? Les tulipes elles-mêmes n'en savent rien. Les jardiniers et les notaires font des greffes si extraordinaires que les pommes deviennent des citrouilles et que les chardons sortent de la mâchoire de l'âne pour s'inonder de sauce dans le plat d'argent d'un évêque. Cette tulipe que voilà s'attendait bien à être rouge; mais on l'a mariée; elle est tout étonnée d'être bleue : c'est ainsi que le monde entier se métamorphose sous les mains de l'homme; et la pauvre dame nature doit se rire parfois au nez de bon cœur, quand elle mire dans ses lacs et dans ses mers son éternelle mascarade. Croyez-vous que ça sentît la rose dans le paradis de Moïse? ça ne sentait que le foin vert. La rose est fille de la civilisation; c'est une marquise comme vous et moi.

ELSBETH.

La pâle fleur de l'aubépine peut devenir une rose, et un chardon peut devenir un artichaut; mais une fleur ne peut en devenir une autre. Ainsi qu'importe à la nature? On ne la change pas, on l'embellit ou on la tue. La plus chétive violette mourrait plutôt que de céder, si l'on voulait, par des moyens artificiels, altérer sa forme d'une étamine.

FANTASIO.

C'est pourquoi je fais plus de cas d'une violette que d'une fille de roi.

ELSBETH.

Il y a de certaines choses que les bouffons eux-mêmes n'ont pas le droit de railler; fais-y attention. Si tu as écouté ma conversation avec ma gouvernante, prends garde à tes oreilles.

FANTASIO.

Non pas à mes oreilles, mais à ma langue. Vous vous trompez de sens; il y a une erreur de sens dans vos paroles.

ELSBETH.

Ne me fais pas de calembour, si tu veux gagner ton argent, et ne me compare pas à des tulipes, si tu ne veux gagner autre chose.

FANTASIO.

Qui sait? un calembour console de bien des chagrins, et jouer avec les mots est un moyen comme un autre de jouer avec les pensées, les actions et les êtres. Tout est calembour ici-bas, et il est aussi difficile de comprendre le regard d'un enfant de quatre ans que le galimatias de trois drames modernes.

ELSBETH.

Tu me fais l'effet de regarder le monde à travers un prisme tant soit peu changeant.

FANTASIO.

Chacun a ses lunettes; mais personne ne sait au juste de quelle couleur en sont les verres. Qui est-ce qui pourra me dire au juste si je suis heureux ou malheureux, bon ou mauvais, triste ou gai, bête ou spirituel?

ELSBETH.

Tu es laid, du moins; cela est certain.

FANTASIO.

Pas plus certain que votre beauté. Voilà votre père qui vient avec votre futur mari. Qui est-ce qui peut savoir si vous l'épouserez?

Il sort.

ELSBETH.

Puisque je ne puis éviter la rencontre du prince de Mantoue, je ferai bien aussi d'aller au-devant de lui.

Entrent le roi, Marinoni sous le costume de prince
et le prince vêtu en aide de camp.

LE ROI.

Prince, voici ma fille. Pardonnez-lui cette toilette de jardinière; vous êtes ici chez un bourgeois qui en gouverne d'autres, et notre étiquette est aussi indulgente pour nous-mêmes que pour eux.

MARINONI.

Permettez-moi de baiser cette main charmante, Madame, si ce n'est pas une trop grande faveur pour mes lèvres.

LA PRINCESSE.

Votre Altesse m'excusera si je rentre au palais. Je la verrai, je pense, d'une manière plus convenable à la présentation de ce soir.

Elle sort.

LE PRINCE.

La princesse a raison ; voilà une divine pudeur.

LE ROI, à Marinoni.

Quel est donc cet aide de camp qui vous suit comme votre ombre ? Il m'est insupportable de l'entendre ajouter une remarque inepte à tout ce que nous disons. Renvoyez-le, je vous en prie.

Marinoni parle bas au prince.

LE PRINCE, de même.

C'est fort adroit de ta part de lui avoir persuadé de m'éloigner ; je vais tâcher de joindre la princesse et de lui toucher quelques mots délicats sans faire semblant de rien.

Il sort.

LE ROI.

Cet aide de camp est un imbécile, mon ami ; que pouvez-vous faire de cet homme-là ?

MARINONI.

Hum ! hum ! Poussons quelques pas plus avant,

si Votre Majesté le permet; je crois apercevoir un kiosque tout à fait charmant dans ce bocage.

Ils sortent.

SCÈNE II

Une autre partie du jardin.

LE PRINCE, entrant.

Mon déguisement me réussit à merveille; j'observe, et je me fais aimer. Jusqu'ici tout va au gré de mes souhaits; le père me paraît un grand roi, quoique trop sans façon, et je m'étonnerais si je ne lui avais plu tout d'abord. J'aperçois la princesse qui rentre au palais; le hasard me favorise singulièrement.

Elsbeth entre; le prince l'aborde.

Altesse, permettez à un fidèle serviteur de votre futur époux de vous offrir les félicitations sincères que son cœur humble et dévoué ne peut contenir en vous voyant. Heureux les grands de la terre! ils peuvent vous épouser, moi je ne le puis pas; cela m'est tout à fait impossible; je suis d'une naissance obscure; je n'ai pour tout bien qu'un nom redoutable à l'ennemi; un cœur pur et sans tache bat sous ce modeste uniforme; je suis un pauvre soldat criblé de balles des pieds à la tête; je n'ai pas un ducat; je suis solitaire et exilé de ma terre natale comme de ma patrie céleste, c'est-à-dire du paradis de mes rêves; je n'ai pas un cœur de femme à presser sur mon cœur; je suis maudit et silencieux.

ELSBETH.

Que me voulez-vous, mon cher monsieur? Êtes-vous fou, ou demandez-vous l'aumône?

LE PRINCE.

Qu'il serait difficile de trouver des paroles pour exprimer ce que j'éprouve! Je vous ai vue passer toute seule dans cette allée; j'ai cru qu'il était de mon devoir de me jeter à vos pieds, et de vous offrir ma compagnie jusqu'à la poterne.

ELSBETH.

Je vous suis obligée; rendez-moi le service de me laisser tranquille.

Elle sort.

LE PRINCE, seul.

Aurais-je eu tort de l'aborder? Il le fallait cependant, puisque j'ai le projet de la séduire sous mon habit supposé. Oui, j'ai bien fait de l'aborder. Cependant elle m'a répondu d'une manière désagréable. Je n'aurais peut-être pas dû lui parler si vivement. Il le fallait pourtant bien, puisque son mariage est presque assuré, et que je suis censé devoir supplanter Marinoni, qui me remplace. J'ai eu raison de lui parler vivement. Mais la réponse est désagréable. Aurait-elle un cœur dur et faux? Il serait bon de sonder adroitement la chose.

Il sort.

SCÈNE III

Une antichambre.

FANTASIO, couché sur un tapis.

Quel métier délicieux que celui de bouffon! J'étais gris, je crois, hier soir, lorsque j'ai pris ce costume et que je me suis présenté au palais; mais, en vérité, jamais la saine raison ne m'a rien inspiré qui valût cet acte de folie. J'arrive, et me voilà reçu, choyé, enregistré, et, ce qu'il y a de mieux encore, oublié. Je vais et viens dans ce palais comme si je l'avais habité toute ma vie. Tout à l'heure, j'ai rencontré le roi; il n'a pas même eu la curiosité de me regarder; son bouffon étant mort, on lui a dit : « Sire, en voilà un autre. » C'est admirable! Dieu merci, voilà ma cervelle à l'aise, je puis faire toutes les balivernes possibles sans qu'on me dise rien pour m'en empêcher; je suis un des animaux domestiques du roi de Bavière, et si je veux, tant que je garderai ma bosse et ma perruque, on me laissera vivre jusqu'à ma mort entre un épagneul et une pintade. En attendant, mes créanciers peuvent se casser le nez contre ma porte tout à leur aise. Je suis aussi bien en sûreté ici sous cette perruque que dans les Indes occidentales.

N'est-ce pas la princesse que j'aperçois dans la chambre voisine, à travers cette glace? Elle rajuste son voile de noces; deux longues larmes coulent sur ses joues; en voilà une qui se détache comme une perle et qui tombe sur sa poitrine. Pauvre petite! j'ai entendu ce matin sa conversation avec sa gouvernante; en vérité, c'était par hasard; j'étais assis sur le gazon, sans autre dessein que celui de dormir. Maintenant la voilà qui pleure et qui ne se doute guère que je la vois encore. Ah! si j'étais un écolier de rhétorique, comme je réfléchirais profondément sur cette misère couronnée, sur cette pauvre brebis à qui on met un ruban rose au cou pour la mener à la boucherie! Cette petite fille est sans doute romanesque; il lui est cruel d'épouser un homme qu'elle ne connaît pas. Cependant elle se sacrifie en silence. Que le hasard est capricieux! il faut que je me grise, que je rencontre l'enterrement de Saint-Jean, que je prenne son costume et sa place, que je fasse enfin la plus grande folie de la terre, pour venir voir tomber, à travers cette glace, les deux seules larmes que cette enfant versera peut-être sur son triste voile de fiancée!

Il sort.

SCÈNE IV

Une allée du jardin.

LE PRINCE, MARINONI.

LE PRINCE.

Tu n'es qu'un sot, colonel.

MARINONI.

Votre Altesse se trompe sur mon compte de la manière la plus pénible.

LE PRINCE.

Tu es un maître butor. Ne pouvais-tu pas empêcher cela? Je te confie le plus grand projet qui se soit enfanté depuis une suite d'années incalculable, et toi, mon meilleur ami, mon plus fidèle serviteur, tu entasses bêtises sur bêtises. Non, non, tu as beau dire, cela n'est point pardonnable.

MARINONI.

Comment pouvais-je empêcher Votre Altesse de s'attirer les désagréments qui sont la suite nécessaire du rôle supposé qu'elle joue? Vous m'ordonnez de prendre votre nom et de me comporter en véritable prince de Mantoue. Puis-je empêcher le roi de Bavière de faire un affront à mon aide de camp? Vous aviez tort de vous mêler de nos affaires.

LE PRINCE.

Je voudrais bien qu'un maraud comme toi se mêlât de me donner des ordres !

MARINONI.

Considérez, Altesse, qu'il faut cependant que je sois le prince ou que je sois l'aide de camp. C'est par votre ordre que j'agis.

LE PRINCE.

Me dire que je suis un impertinent en présence de toute la cour, parce que j'ai voulu baiser la main de la princesse ! Je suis prêt à lui déclarer la guerre, et à retourner dans mes États pour me mettre à la tête de mes armées.

MARINONI.

Songez donc, Altesse, que ce mauvais compliment s'adressait à l'aide de camp, et non au prince. Prétendez-vous qu'on vous respecte sous ce déguisement ?

LE PRINCE.

Il suffit. Rends-moi mon habit.

MARINONI, ôtant l'habit.

Si mon souverain l'exige, je suis prêt à mourir pour lui.

LE PRINCE.

En vérité, je ne sais que résoudre. D'un côté, je suis furieux de ce qui m'arrive, et, d'un autre, je suis désolé de renoncer à mon projet. La princesse ne paraît pas répondre indifféremment aux mots à double entente dont je ne cesse de la poursuivre. Déjà je suis parvenu deux ou trois fois à lui dire à l'oreille des choses incroyables. Viens, réfléchissons à tout cela.

MARINONI, tenant l'habit.

Que ferai-je, Altesse?

LE PRINCE.

Remets-le, remets-le, et rentrons au palais.

Ils sortent.

SCÈNE V

LA PRINCESSE ELSBETH, LE ROI.

LE ROI.

Ma fille, il faut répondre franchement à ce que je vous demande : ce mariage vous déplaît-il?

ELSBETH.

C'est à vous, Sire, de répondre vous-même. Il me plaît, s'il vous plaît; il me déplaît, s'il vous déplaît.

LE ROI.

Le prince m'a paru être un homme ordinaire, dont il est difficile de rien dire. La sottise de son aide de camp lui fait seule tort dans mon esprit; quant à lui, c'est peut-être un bon prince, mais ce n'est pas un homme élevé. Il n'y a rien en lui qui me repousse ou qui m'attire. Que puis-je te dire là-dessus? Le cœur des femmes a des secrets que je ne puis connaître; elles se font des héros parfois si étranges, elles saisissent si singulièrement un ou deux côtés d'un homme qu'on leur présente, qu'il est impossible de juger pour elles, tant qu'on n'est pas guidé par quelque point tout à fait sensible. Dis-moi donc clairement ce que tu penses de ton fiancé.

ELSBETH.

Je pense qu'il est prince de Mantoue, et que la guerre recommencera demain entre lui et vous si je ne l'épouse pas.

LE ROI.

Cela est certain, mon enfant.

ELSBETH.

Je pense donc que je l'épouserai, et que la guerre sera finie.

LE ROI.

Que les bénédictions de mon peuple te rendent grâces pour ton père! O ma fille chérie! je serais heureux de cette alliance; mais je ne voudrais pas voir dans ces beaux yeux bleus cette tristesse qui dément leur résignation. Réfléchis encore quelques jours.

Il sort. — Entre Fantasio.

ELSBETH.

Te voilà, pauvre garçon? comment te plais-tu ici?

FANTASIO.

Comme un oiseau en liberté.

ELSBETH.

Tu aurais mieux répondu si tu avais dit : « Comme un oiseau en cage. » Ce palais en est une assez belle ; cependant c'en est une.

FANTASIO.

La dimension d'un palais ou d'une chambre ne fait pas l'homme plus ou moins libre. Le corps se remue où il peut ; l'imagination ouvre quelquefois des ailes grandes comme le ciel dans un cachot grand comme la main.

ELSBETH.

Ainsi donc, tu es un heureux fou ?

FANTASIO.

Très heureux. Je fais la conversation avec les petits chiens et les marmitons. Il y a un roquet pas plus haut que cela, dans la cuisine, qui m'a dit des choses charmantes.

ELSBETH.

En quel langage ?

FANTASIO.

Dans le style le plus pur. Il ne ferait pas une seule faute de grammaire dans l'espace d'une année.

ELSBETH.

Pourrais-je entendre quelques mots de ce style ?

FANTASIO.

En vérité, je ne le voudrais pas ; c'est une langue qui est particulière. Il n'y a que les roquets qui la parlent; les arbres et les grains de blé eux-mêmes la savent aussi; mais les filles de roi ne la savent pas. A quand votre noce?

ELSBETH.

Dans quelques jours tout sera fini.

FANTASIO.

C'est-à-dire tout sera commencé. Je compte vous offrir un présent de ma main.

ELSBETH.

Quel présent? Je suis curieuse de cela.

FANTASIO.

Je compte vous offrir un joli petit serin empaillé, qui chante comme un rossignol.

ELSBETH.

Comment peut-il chanter, s'il est empaillé?

FANTASIO.

Il chante parfaitement.

ELSBETH.

En vérité, tu te moques de moi avec un rare acharnement.

FANTASIO.

Point du tout. Mon serin a une petite serinette dans le ventre. On pousse tout doucement un petit ressort sous la patte gauche, et il chante tous les opéras nouveaux, exactement comme mademoiselle Grisi.

ELSBETH.

C'est une invention de ton esprit, sans doute?

FANTASIO.

En aucune façon. C'est un serin de cour; il y a beaucoup de petites filles très bien élevées qui n'ont pas d'autres procédés que celui-là. Elles ont un petit ressort sous le bras gauche, un joli petit ressort en diamant fin, comme la montre d'un petit-maître. Le gouverneur ou la gouvernante fait jouer le ressort, et vous voyez aussitôt les lèvres s'ouvrir avec le sourire le plus gracieux ; une charmante cascatelle de paroles mielleuses sort avec le plus doux murmure, et toutes les convenances sociales, pareilles à des nymphes légères, se mettent aussitôt à dansoter sur la pointe du pied autour de la fontaine merveilleuse. Le prétendu ouvre des yeux ébahis ; l'assistance chuchote avec indulgence, et le père, rempli d'un secret contentement, regarde avec orgueil les boucles d'or de ses souliers.

ELSBETH.

Tu parais revenir volontiers sur de certains sujets. Dis-moi, bouffon : que t'ont donc fait ces pauvres jeunes filles, pour que tu en fasses si gaiement la satire? Le respect d'aucun devoir ne peut-il trouver grâce devant toi?

FANTASIO.

Je respecte fort la laideur : c'est pourquoi je me respecte moi-même si profondément.

ELSBETH.

Tu parais quelquefois en savoir plus que tu

n'en dis. D'où viens-tu donc, et qui es-tu, pour que, depuis un jour que tu es ici, tu saches déjà pénétrer des mystères que les princes eux-mêmes ne soupçonneront jamais ? Est-ce à moi que s'adressent tes folies, ou est-ce au hasard que tu parles ?

FANTASIO.

C'est au hasard, je parle beaucoup au hasard : c'est mon plus cher confident.

ELSBETH.

Il semble, en effet, t'avoir appris ce que tu ne devrais pas connaître. Je croirais volontiers que tu épies mes actions et mes paroles.

FANTASIO.

Dieu le sait. Que vous importe?

ELSBETH.

Plus que tu ne peux penser. Tantôt, dans cette chambre, pendant que je mettais mon voile, j'ai entendu marcher tout à coup derrière la tapisserie. Je me trompe fort si ce n'était toi qui marchais.

FANTASIO.

Soyez sûre que cela reste entre votre mouchoir et moi. Je ne suis pas plus indiscret que je ne suis curieux. Quel plaisir pourraient me faire vos chagrins? quel chagrin pourraient me faire vos plaisirs? Vous êtes ceci, et moi cela. Vous êtes jeune, et moi je suis vieux; belle, et je suis laid; riche, et je suis pauvre. Vous voyez bien qu'il n'y a aucun rapport entre nous. Que vous importe que le hasard ait croisé sur sa grande route deux roues qui ne suivent pas la même ornière, et qui ne peuvent marquer sur la même poussière? Est-ce ma faute s'il m'est tombé, tandis que je dormais, une de vos larmes sur la joue?

ELSBETH.

Tu me parles sous la forme d'un homme que j'ai aimé, voilà pourquoi je t'écoute malgré moi. Mes yeux croient voir Saint-Jean; mais peut-être n'es-tu qu'un espion?

FANTASIO.

A quoi cela me servirait-il? Quand il serait vrai que votre mariage vous coûterait quelques larmes, et quand je l'aurais appris par hasard, qu'est-ce que je gagnerais à l'aller raconter? On ne me donnerait pas une pistole pour cela, et on ne vous mettrait pas au cabinet noir. Je comprends très bien qu'il doit être assez ennuyeux d'épouser le prince de Mantoue; mais, après tout, ce n'est pas moi qui en suis chargé. Demain ou après-demain vous serez partie pour Mantoue avec votre robe de noce, et moi je serai encore sur ce tabouret avec mes vieilles chausses. Pourquoi voulez-vous que je vous en veuille? Je n'ai pas de raison pour désirer votre mort : vous ne m'avez jamais prêté d'argent.

ELSBETH.

Mais, si le hasard t'a fait voir ce que je veux

qu'on ignore, ne dois-je pas te mettre à la porte, de peur de nouvel accident?

FANTASIO.

Avez-vous le dessein de me comparer à un confident de tragédie, et craignez-vous que je ne suive votre ombre en déclamant? Ne me chassez pas, je vous en prie. Je m'amuse beaucoup ici. Tenez, voilà votre gouvernante qui arrive avec des mystères plein ses poches. La preuve que je ne l'écouterai pas, c'est que je m'en vais à l'office manger une aile de pluvier que le majordome a mise de côté pour sa femme.

Il sort.

LA GOUVERNANTE, entrant.

Savez-vous une chose terrible, ma chère Elsbeth?

ELSBETH.

Que veux-tu dire? tu es toute tremblante.

LA GOUVERNANTE.

Le prince n'est pas le prince, ni l'aide de camp non plus. C'est un vrai conte de fées.

ELSBETH.

Quel imbroglio me fais-tu là?

LA GOUVERNANTE.

Chut! chut! C'est un des officiers du prince lui-même qui vient de me le dire. Le prince de Mantoue est un véritable Almaviva; il est déguisé et caché parmi les aides de camp; il a voulu sans doute chercher à vous voir et à vous connaître d'une manière féerique. Il est déguisé, le digne seigneur, il est déguisé comme Lindor; celui qu'on vous a présenté comme votre futur époux n'est qu'un aide de camp nommé Marinoni.

ELSBETH.

Cela n'est pas possible!

LA GOUVERNANTE.

Cela est certain, certain mille fois. Le digne homme est déguisé, il est impossible de le reconnaître; c'est une chose extraordinaire.

ELSBETH.

Tu tiens cela, dis-tu, d'un officier?

LA GOUVERNANTE.

D'un officier du prince. Vous pouvez le lui demander à lui-même.

ELSBETH.

Et il ne t'a pas montré parmi les aides de camp le véritable prince de Mantoue?

LA GOUVERNANTE.

Figurez-vous qu'il en tremblait lui-même, le pauvre homme, de ce qu'il me disait. Il ne m'a confié son secret que parce qu'il désire vous être agréable, et qu'il savait que je vous préviendrais. Quant à Marinoni, cela est positif; mais, pour ce qui est du prince véritable, il ne me l'a pas montré.

ELSBETH.

Cela me donnerait quelque chose à penser, si c'était vrai. Viens, amène-moi cet officier.

Entre un page.

LA GOUVERNANTE.

Qu'y a-t-il, Flamel? Tu parais hors d'haleine.

LE PAGE.

Ah! Madame! c'est une chose à en mourir de rire. Je n'ose parler devant Votre Altesse.

ELSBETH.

Parle; qu'y a-t-il encore de nouveau?

LE PAGE.

Au moment où le prince de Mantoue entrait à cheval dans la cour, à la tête de son état-major, sa perruque s'est enlevée dans les airs et a disparu tout à coup.

ELSBETH.

Pourquoi cela? Quelle niaiserie!

LE PAGE.

Madame, je veux mourir si ce n'est pas la vérité. La perruque s'est enlevée en l'air au bout d'un hameçon. Nous l'avons retrouvée dans l'office, à côté d'une bouteille cassée; on ignore qui a fait cette plaisanterie. Mais le duc n'en est pas moins furieux, et il a juré que, si l'auteur n'en est pas puni de mort, il déclarera la guerre au roi votre père et mettra tout à feu et à sang.

ELSBETH.

Viens écouter toute cette histoire, ma chère. Mon sérieux commence à m'abandonner.

<small>Entre un autre page.</small>

ELSBETH.

Eh bien! quelle nouvelle?

LE PAGE.

Madame, le bouffon du roi est en prison : c'est lui qui a enlevé la perruque du prince.

ELSBETH.

Le bouffon est en prison? et sur l'ordre du prince?

LE PAGE.

Oui, Altesse.

ELSBETH.

Viens, chère mère, il faut que je te parle.

<small>Elle sort avec la gouvernante.</small>

SCÈNE VI

LE PRINCE, MARINONI.

LE PRINCE.

Non, non, laisse-moi me démasquer. Il est temps que j'éclate. Cela ne se passera pas ainsi. Feu et sang! une perruque royale au bout d'un hameçon! Sommes-nous chez les barbares, dans les déserts de la Sibérie? Y a-t-il encore sous le soleil quelque chose de civilisé et de convenable ? J'écume de colère, et les yeux me sortent de la tête.

MARINONI.

Vous perdez tout par cette violence.

LE PRINCE.

Et ce père, ce roi de Bavière, ce monarque vanté dans tous les almanachs de l'année passée ! cet homme qui a un extérieur si décent, qui s'exprime en termes si mesurés, et qui se met à rire en voyant la perruque de son gendre voler dans les airs ! Car enfin, Marinoni, je conviens que c'est ta perruque qui a été enlevée, mais n'est-ce pas toujours celle du prince de Mantoue, puisque c'est lui que l'on croit voir en toi ? Quand je pense que, si c'eût été moi, en chair et en os, ma perruque aurait peut-être... Ah ! il y a une Providence ; lorsque Dieu m'a envoyé tout d'un coup l'idée de me travestir ; lorsque cet éclair a traversé ma pensée : « Il faut que je me travestisse », ce fatal événement était prévu par le destin. C'est lui qui a sauvé de l'affront le plus intolérable la tête qui gouverne mes peuples. Mais, par le Ciel ! tout sera connu. C'est trop longtemps trahir ma dignité. Puisque les majestés divines et humaines sont impitoyablement violées et lacérées, puisqu'il n'y a plus chez les hommes de notions du bien et du mal, puisque le roi de plusieurs milliers d'hommes éclate de rire comme un palefrenier à la vue d'une perruque, Marinoni, rends-moi mon habit.

MARINONI, ôtant son habit.

Si mon souverain le commande, je suis prêt à souffrir pour lui mille tortures.

LE PRINCE.

Je connais ton dévouement. Viens, je vais dire au roi son fait en propres termes.

MARINONI.

Vous refusez la main de la princesse? Elle vous a cependant lorgné d'une manière évidente pendant tout le dîner.

LE PRINCE.

Tu crois? Je me perds dans un abîme de perplexités. Viens toujours, allons chez le roi.

MARINONI, tenant l'habit.

Que faut-il faire, Altesse?

LE PRINCE.

Remets-le pour un instant. Tu me le rendras tout à l'heure. Ils seront bien plus pétrifiés en m'entendant prendre le ton qui me convient sous ce frac de couleur foncée.

Ils sortent.

SCÈNE VII

Une prison.

FANTASIO, seul.

Je ne sais s'il y a une Providence, mais c'est amusant d'y croire. Voilà pourtant une pauvre petite princesse qui allait épouser à son corps défendant un animal immonde, un cuistre de province, à qui le hasard a laissé tomber une couronne sur la tête, comme l'aigle d'Eschyle sa tortue. Tout était préparé : les chandelles allumées, le prétendu poudré, la pauvre petite confessée. Elle avait essuyé les deux charmantes larmes que j'ai vues couler ce matin. Rien ne manquait que deux ou trois capucinades pour que le malheur de sa vie fût en règle. Il y avait dans tout cela la fortune de deux royaumes, la tranquillité de deux peuples; et il faut que j'imagine de me déguiser en bossu, pour venir me griser derechef dans l'office de notre bon roi, et pour pêcher au bout d'une ficelle la perruque de son cher allié! En vérité, lorsque je suis gris, je crois que j'ai quelque chose de surhumain. Voilà le mariage manqué et tout remis en question. Le prince de Mantoue a demandé ma tête en échange de sa perruque. Le roi de Bavière a trouvé la peine un peu forte, et n'a consenti qu'à la prison. Le prince de Mantoue, grâce à Dieu, est si bête qu'il se ferait plutôt couper en morceaux que d'en démordre; ainsi la princesse reste fille, du moins pour cette fois. S'il n'y a pas là le sujet d'un poème épique en douze chants, je ne m'y connais pas. Pope et Boileau ont fait des vers admirables sur des sujets bien moins importants. Ah! si j'étais poète, comme je peindrais la scène de cette perruque voltigeant dans les airs! Mais celui qui est capable de faire de pareilles choses dédaigne de les écrire. Ainsi la postérité s'en passera.

Il s'endort. — Entrent Elsbeth et sa gouvernante, une lampe à la main.

ELSBETH.

Il dort; ferme la porte doucement.

LA GOUVERNANTE.

Voyez, cela n'est pas douteux. Il a ôté sa perruque postiche, sa difformité a disparu en même temps; le voilà tel qu'il est, tel que ses peuples le voient sur son char de triomphe; c'est le noble prince de Mantoue.

ELSBETH.

Oui, c'est lui; voilà ma curiosité satisfaite; je voulais voir son visage, et rien de plus; laisse-moi me pencher sur lui.

Elle prend la lampe.

Psyché, prends garde à ta goutte d'huile.

LA GOUVERNANTE.

Il est beau comme un vrai Jésus.

ELSBETH.

Pourquoi m'as-tu donné à lire tant de romans et de contes de fées? Pourquoi as-tu semé dans ma pauvre pensée tant de fleurs étranges et mystérieuses?

LA GOUVERNANTE.

Comme vous voilà émue, sur la pointe de vos petits pieds!

ELSBETH.

Il s'éveille; allons-nous-en.

FANTASIO, s'éveillant.

Est-ce un rêve? Je tiens le coin d'une robe blanche.

ELSBETH.

Lâchez-moi; laissez-moi partir.

FANTASIO.

C'est vous, princesse! Si c'est la grâce du bouffon du roi que vous m'apportez si divinement, laissez-moi remettre ma bosse et ma perruque; ce sera fait dans un instant.

LA GOUVERNANTE.

Ah! prince, qu'il vous sied mal de nous tromper ainsi! Ne reprenez pas ce costume; nous savons tout.

FANTASIO.

Prince! où en voyez-vous un?

LA GOUVERNANTE.

A quoi sert-il de dissimuler?

FANTASIO.

Je ne dissimule pas le moins du monde; par quel hasard m'appelez-vous prince?

LA GOUVERNANTE.

Je connais mes devoirs envers Votre Altesse.

FANTASIO.

Madame, je vous supplie de m'expliquer les paroles de cette honnête dame. Y a-t-il réellement quelque méprise extravagante, ou suis-je l'objet d'une raillerie?

ELSBETH.

Pourquoi le demander, lorsque c'est vous-même qui raillez?

FANTASIO.

Suis-je donc un prince, par hasard? Concevrait-on quelque soupçon sur l'honneur de ma mère?

ELSBETH.

Qui êtes-vous, si vous n'êtes pas le prince de Mantoue?

FANTASIO.

Mon nom est Fantasio; je suis un bourgeois de Munich.

Il lui montre une lettre.

ELSBETH.

Un bourgeois de Munich ? Et pourquoi êtes-vous déguisé ? Que faites-vous ici ?

FANTASIO.

Madame, je vous supplie de me pardonner.
<small>Il se jette à genoux.</small>

ELSBETH.

Que veut dire cela ? Relevez-vous, homme, et sortez d'ici ! Je vous fais grâce d'une punition que vous mériteriez peut-être. Qui vous a poussé à cette action ?

FANTASIO.

Je ne puis dire le motif qui m'a conduit ici.

ELSBETH.

Vous ne pouvez le dire ? Et cependant je veux le savoir.

FANTASIO.

Excusez-moi, je n'ose l'avouer.

LA GOUVERNANTE.

Sortons, Elsbeth ; ne vous exposez pas à entendre des discours indignes de vous. Cet homme est un voleur, ou un insolent qui va vous parler d'amour.

ELSBETH.

Je veux savoir la raison qui vous a fait prendre ce costume.

FANTASIO.

Je vous supplie, épargnez-moi.

ELSBETH.

Non, non! parlez, ou je ferme cette porte sur vous pour dix ans.

FANTASIO.

Madame, je suis criblé de dettes; mes créanciers ont obtenu un arrêt contre moi; à l'heure où je vous parle mes meubles sont vendus, et, si je n'étais dans cette prison, je serais dans une autre. On a dû venir m'arrêter hier au soir; ne sachant où passer la nuit, ni comment me soustraire aux poursuites des huissiers, j'ai imaginé de prendre ce costume et de venir me réfugier aux pieds du roi; si vous me rendez la liberté, on va me prendre au collet; mon oncle est un avare qui vit de pommes de terre et de radis, et qui me laisse mourir de faim dans tous les cabarets du royaume. Puisque vous voulez le savoir, je dois vingt mille écus.

ELSBETH.

Tout cela est-il vrai?

FANTASIO.

Si je mens, je consens à les payer.

<small>On entend un bruit de chevaux.</small>

LA GOUVERNANTE.

Voilà des chevaux qui passent; c'est le roi en personne. Si je pouvais faire signe à un page!

Elle appelle par la fenêtre.

Holà! Flamel, où allez-vous donc?

LE PAGE, en dehors.

Le prince de Mantoue va partir.

LA GOUVERNANTE.

Le prince de Mantoue!

LE PAGE.

Oui, la guerre est déclarée. Il y a eu entre lui et le roi une scène épouvantable devant toute la cour, et le mariage de la princesse est rompu.

ELSBETH.

Entendez-vous cela, Monsieur Fantasio? Vous avez fait manquer mon mariage.

LA GOUVERNANTE.

Seigneur mon Dieu! le prince de Mantoue s'en va, et je ne l'aurai pas vu!

ELSBETH.

Si la guerre est déclarée, quel malheur!

FANTASIO.

Vous appelez cela un malheur, Altesse? Aimeriez-vous mieux un mari qui prend fait et cause pour sa perruque? Eh! Madame, si la guerre est déclarée, nous saurons quoi faire de nos bras; les oisifs de nos promenades mettront leurs uniformes; moi-même je prendrai mon fusil de chasse, s'il n'est pas encore vendu. Nous irons faire un tour d'Italie, et, si vous entrez jamais à Mantoue, ce sera comme une véritable reine, sans qu'il y ait besoin pour cela d'autres cierges que nos épées.

ELSBETH.

Fantasio, veux-tu rester le bouffon de mon père? Je te paye tes vingt mille écus.

FANTASIO.

Je le voudrais de grand cœur; mais, en vérité, si j'y étais forcé, je sauterais par la fenêtre pour me sauver un de ces jours.

ELSBETH.

Pourquoi? tu vois que Saint-Jean est mort : il nous faut absolument un bouffon.

FANTASIO.

J'aime ce métier plus que tout autre; mais je ne puis faire aucun métier. Si vous trouvez que cela vaille vingt mille écus de vous avoir débarrassée du prince de Mantoue, donnez-les-moi et ne payez pas mes dettes. Un gentilhomme sans dettes ne saurait où se présenter. Il ne m'est jamais venu à l'esprit de me trouver sans dettes.

ESLBETH.

Eh bien! je te les donne; mais prends la clef de mon jardin : le jour où tu t'ennuieras d'être poursuivi par tes créanciers, viens te cacher dans les bluets où je t'ai trouvé ce matin; aie soin de prendre ta perruque et ton habit bariolé; ne parais jamais devant moi sans cette taille contrefaite et ces grelots d'argent, car c'est ainsi que tu m'as plu : tu redeviendras mon bouffon pour le temps qu'il te plaira de l'être, et puis tu iras à tes affaires. Maintenant tu peux t'en aller, la porte est ouverte.

LA GOUVERNANTE.

Est-il possible que le prince de Mantoue soit parti sans que je l'aie vu !

TABLE

DU TOME PREMIER

Note de l'Éditeur.	i
Le Théatre d'Alfred de Musset, par J. Lemaître.	iii
Avant-propos	i
La Nuit vénitienne, ou les Noces de Laurette .	7
André del Sarto.	49
Les Caprices de Marianne.	131
Fantasio	195

Imprimé par D. Jouaust

POUR LA

BIBLIOTHÈQUE ARTISTIQUE MODERNE

ORNEMENTS PAR GIACOMELLI

M DCCC LXXXIX

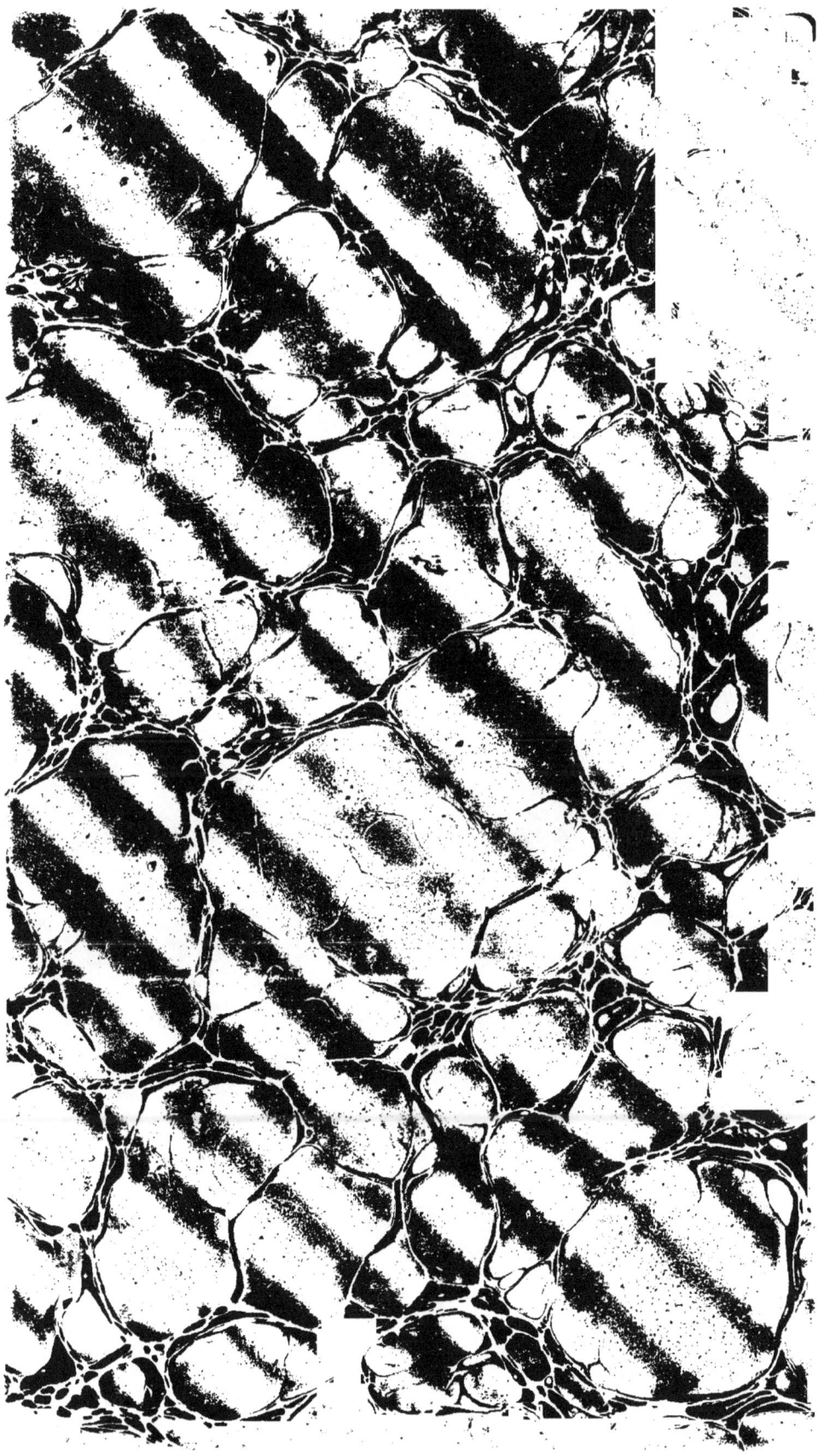

www.ingramcontent.com/pod-product-compliance
Lightning Source LLC
Chambersburg PA
CBHW070747170426
43200CB00007B/688